JN439797

기본 17-02

4차 산업혁명시대의 新산업입지정책 연구

A Study on New Industrial Location Policy at the Fourth Industrial Revolution Era

장철순 외

■ 연구진

장철순 국토연구원 선임연구위원(연구책임)
문정호 국토연구원 선임연구위원
류승한 국토연구원 선임연구위원
장은교 국토연구원 책임연구원
이승욱 국토연구원 책임연구원
정우성 국토연구원 책임연구원
조성철 국토연구원 책임연구원
유현아 국토연구원 연구원

■ 외부연구진

이동헌 영국 런던대학교 박사과정
이수진 주프랑스 한국대사관 교육원 고등교육 및 한국어문화 보급 담당관
한상민 독일 자유대학교 환경정책연구원 연구원

■ 연구심의위원

이상준 국토연구원 부원장
김종원 국토연구원 선임연구위원
차미숙 국토연구원 국토계획·지역연구본부장
이용우 국토연구원 선임연구위원
김선희 국토연구원 선임연구위원
강호제 국토연구원 연구위원
정송이 국토교통부 사무관
이상호 한밭대학교 교수
조혜영 한국산업단지공단 산업입지연구소장

발간사
PREFACE

2016년 스위스 다보스포럼에서 처음 제안한 제4차 산업혁명의 개념과 실체에 대해서 여전히 이론이 있지만 4차 산업혁명이 이미 시작되었고 4차 산업혁명이 사회·경제·산업에 미치는 영향이 더욱 커질 것 이라는데 많은 이들이 동의하고 있다.

4차 산업혁명은 디지털과 바이오산업, 물리학 등 3개 분야의 융합된 기술들이 경제체제와 사회구조를 급격히 변화시키는 기술혁명을 칭하는 개념으로, 기업들이 제조업과 정보통신기술(ICT)을 융합해 작업 경쟁력을 제고하는 차세대 제조업 혁명인 'Industry 4.0'과 같은 개념으로 정의되고 있다.

4차 산업혁명은 초연결성과 초지능화, 사이버물리시스템, 대량 맞춤생산 등으로의 산업구조 개편이 일어나고, 단순 반복적 작업은 물론 중위 수준의 숙련을 요하는 작업까지도 기계에 의해 대체될 것이며, 그 결과 숙련에 따른 일자리의 양극화가 심화될 것이라는 전망이 있기도 한다. 그리고 일자리 숙련도 격차에 따른 일자리의 양극화와 이로 인한 중산층의 축소 가능성, 기술변화에 대한 부의 편차에 따른 수용속도 차이 등의 사회적 문제가 발생할 것으로 예상하기도 한다. 한편 4차 산업혁명에서 고급인재의 중요성이 증가함에 따라 산업의 도시 집중 경향은 더욱 강화되며, 혁신역량이 높은 지역과 그렇지 못한 지역의 격차가 더욱 확대될 것이며 이에 따라 경제활동의 대도시 집적이 가속화될 것으로 예견되기도 한다. 4차 산업혁명시대에는 신기술·신산업의 도심에서의 입지수요 증가와 함께 자동차, 조선, 철강, 화학 등 전통적인 제조업은 생산혁신으로 인해 도시 외곽지역에서의 부지 수요가 확대되는 등 입지의 양극화가 나타날 것으로 예상된다.

또한 미국, 영국, 프랑스, 독일, 일본, 중국 등 제조업 강국들은 4차 산업혁명시대를 대비하여 신산업 및 기존산업 육성정책을 추진하면서 이들을 위한 다양한 입지지원정책을 추진하고 있다.

우리나라도 제조업을 지속적으로 육성하고 활성화하기 위한 산업정책과 입지정책 등 대책을 마련이 필요한 시점이다. 이러한 시점에서 본 연구는 4차 산업혁명이 입지에 미치는 영향을 분석하고 이에 대응한 신산업입지정책을 제시하였다는 점에서 연구의 의의가 있다고 할 수 있다.

특히 신산업 육성을 위한 입지 공급방안으로 도심지역에서의 산업입지 공급 확대, 기존 신산업집적지를 산업지구로 지정하는 입지공급 방안, 임대·공유형 산업입지 공급 확대, 기업들의 입지수요를 반영한 소규모 산업단지 및 입체적 입지공급 확대, 그리고 기존 산업 활성화를 위해 교외지역에 대량생산을 위한 산업용지 공급, 신산업이 성장단계(확산단계/성숙단계)를 고려한 산업입지 공급방안, 기존 산업의 생산성 향상 등 활성화를 위한 스마트 팩토리 구축과 기존 산업단지 및 공장의 생산환경 개선을 위한 리모델링 사업 추진, 그리고 산업입지 공급과 함께 다양한 지원정책 연계방안 등을 제시한 것은 앞으로 4차 산업혁명시대의 신산업입지정책으로 시행되어야할 정책방안으로 기대된다.

끝으로 본 연구를 수행하는데 노력을 아끼지 않은 장철순·문정호·류승한 선임연구위원, 장은교·이승욱·정우성·조성철 책임연구원, 유현아연구원의 노고를 치하하며 외부연구진으로 참여해 주신 이동헌 박사, 이수진 박사, 한상민 박사님께도 깊이 감사드립니다. 그리고 본 연구 수행에 많은 고견을 주신 원내외 연구심의위원님, 국토교통부 산업입지정책과 관계자님께도 깊은 감사를 드린다.

2017년 12월

국토연구원장 김 동 주

주요 내용 및 정책제안

FINDINGS & SUGGESTIONS

본 연구보고서의 주요 내용

1 본 연구는 4차 산업혁명의 개념 및 4차 산업혁명이 사회·경제·일자리·산업입지에 미치는 영향 등을 정리하였음

2 4차 산업혁명시대의 주요국의 중점 육성산업 및 입지공급, 국가별 대응전략, 국내외 기업의 대응전략 등을 분석하고 시사점을 제시하였음

3 4차 산업혁명시대의 신산업을 선정하고 신산업의 기초통계분석, 사업체 입지패턴 분석, 신산업 사업체 설문조사 분석 등을 수행하였음

4 4차 산업혁명시대에 대응한 新산업입지 공급방향, 신산업 및 기존 산업을 위한 산업입지 공급방안, 제도개선방안 등을 제시하였음

본 연구보고서의 정책제안

1 신산업 육성을 위한 입지 공급방안으로 청년 창업 활성화를 위해 도심지역에 공유형 산업공간 공급, 대학, 연구소의 연구결과를 창업할 수 있는 대학·연구소 주변에 산업공간 공급, 도심 내 기존 산업용지의 창업공간 활용을 위한 보존장치 마련, 창업을 활성화하기 위해 세제, 자금, 공간, 프로그램 등을 통합적으로 지원

2 기존 산업 활성화를 위한 입지 공급방안으로 IoT 등 디지털 기술을 활용한 대량생산 시스템을 구축하기 위해 교외지역에 대규모 산업단지를 공급, 신산업의 창업 이후 확장 및 성숙단계에 이른 기업을 위한 도심 및 도심 주변지역에 산업입지 공급, 중소기업 및 대기업의 2, 3차 밴드에 해당하는 소기업들의 스마트 팩토리 구축 지원

3 제도개선 방안으로 산업의 융복화와 신산업의 생산특성을 감안하여 산업단지 내 용도구역 통합(산업시설구역)하고 입주 가능한 업종과 기능을 확대하며, 일정 거리안의 몇 개 빌딩을 하나의 산업단지로 지정할 수 있는 네트워크형 산업단지제도 도입, 버티칼 산업단지제도 도입 등에 따른 분양가격 산정방식 개편, 산업단지 기반시설의 개념 확대

요 약

SUMMARY

1. 연구의 개요 및 목적

□ 연구의 배경 및 필요성

- 세계경제가 저성장 국면으로 전환되면서 한국경제의 부진과 함께 신규 투자도 감소
- 한국경제의 지속적인 성장을 위해서는 기존 산업의 구조개편과 함께 신산업 육성을 위한 정책 마련 필요
- 4차 산업혁명시대의 진전에 따른 산업구조와 가치창출체계의 변화는 산업입지의 공간구조와 입지정책에도 중요한 영향을 미칠 것으로 예상
- 4차 산업혁명의 전개에 적절히 대응하기 위해서는 4차 산업혁명의 특성과 산업공간에 미치는 영향을 분석하여 합리적 산업입지 정책방향 마련이 필요

□ 연구의 목적

- 본 연구는 4차 산업혁명시대의 산업구조 변화를 예측 및 분석하고 이들 산업의 입지요인을 도출하여 그에 맞는 새로운 산업입지 정책방향을 마련하고자 하는 것임
- 이를 위해 4차 산업혁명시대의 산업 구조변화를 분석하고, 이들 산업의 입지요인을 조사하여 이들에 필요한 산업입지 공급방안을 제안하고자 함

□ 연구의 범위와 방법

- 연구의 시간적 범위로는 4차 산업혁명시대 산업의 시계열 변화를 분석하기 위해 시기별, 산업별 입지특성 등을 분석하였으며, 공간적 범위로는 전국을 대상으로 하되 세계적인 현황 및 추이를 분석하고, 각 국가별 4차 산업혁명에 대비한 산업정책 및 입지정책을 분석
- 연구방법은 4차 산업혁명 관련 신산업 특성 분석을 위해 신산업 기업체의 네트워크 분석, 4차 산업혁명시대의 기술변화에 따른 기존 산업의 변화 추이 분석, 그리고 신산업 업종별 사업체 설문조사와 기업DB와 설문조사 결과를 교차하는 입지특성 유형화 분석

그림 2 | 연구흐름도

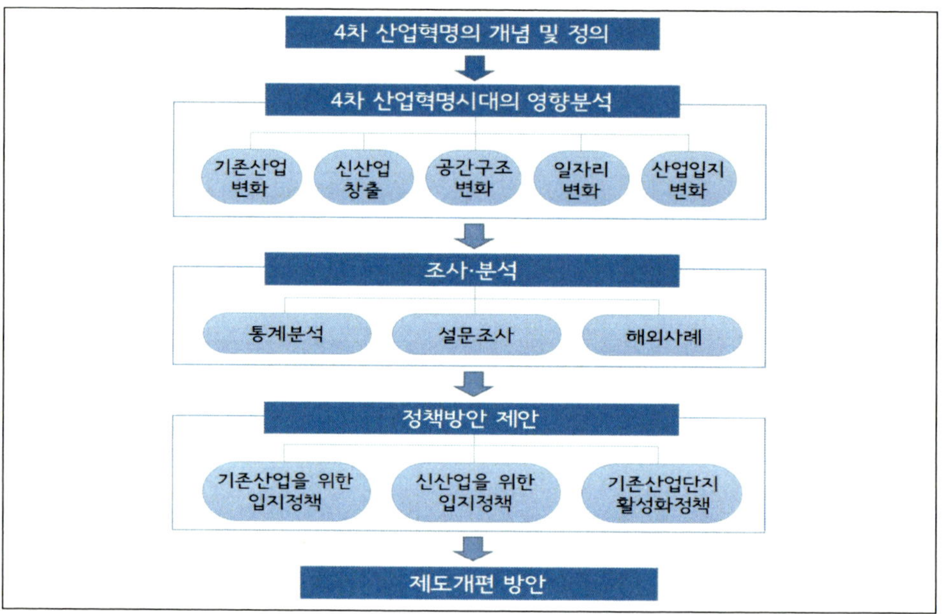

자료: 연구진 작성

2. 4차 산업혁명시대의 개념 및 영향분석

□ 4차 산업혁명의 출현배경

- 2011년 독일 엔지니어 협회(Verein Deutscher Ingenieure)는 미래 생산구조에 적합한 다양한 기술을 개발·보급하는 프로젝트인 'INDUSTRIE 4.0'을 제안
- 제4차 산업혁명은 독일의 인더스트리 4.0이라는 개념과 유사하게 세계적인 금융위기 극복과 저성장시대를 타개할 수 있는 대안으로 논의되기 시작하였음
- 모바일 인터넷과 빅데이터 처리기술 등 새로운 정보통신기술이 사회 전역으로 확산되고 나노나 생명공학 등 새로운 산업이 등장하고 이들 산업과 기존 산업이 정보통신기술과 융합됨에 따라 산업생산과 가치체인 전체에 큰 변화가 발생
- 산업생태계의 급진적 변화를 야기하는 핵심기술은 연구에 따라 차이는 있으나 정보통신기술이 다른 신기술과 융합됨으로서 나타난다는 점에서는 동일

□ 4차 산업혁명의 정의

- 세계경제포럼의 회의 이후 4차 산업혁명에 대한 다양한 개념 정의가 이루어지고 있으나 슈밥의 개념정의를 일부 보완하는 수준이며 디지털화의 세계적 확산을 본질로 한다는 점에서는 동일
- 따라서 4차 산업혁명은 산업『혁명』이라는 문자 그 자체를 강조하기보다 기술의 융합으로 인한 중요한 변화가 산업생태계와 사회 전반에 걸쳐 광범위하게 진전되고 있다는 경향성의 의미로 해석하는 것이 타당할 것으로 보임

□ 4차 산업혁명이 경제·사회에 미치는 영향

- 4차 산업혁명이 산업에 미치는 영향으로 초연결성과 초지능화로 산업 생태계의 변화를 초래, 융합을 통해 산업간 경계가 급진적으로 무너지게 될 것, 또한 대량 맞춤(Mass Customization)생산이 크게 확산될 것으로 예측
- 일자리에 미칠 영향으로 자동화로 반복적인 생산공정 압축으로 일자리 수의 감소, 긱이코노미(gig economy) 등 일자리의 특성에도 중요한 영향을 미침
- 4차 산업혁명이 사회구조에 미치는 영향으로 숙련에 따른 일자리의 양극화와 이로 인한 중산층의 축소 가능성과 부의 편중 심화 등 예상

□ 4차 산업혁명이 공간구조 및 산업입지에 미치는 영향

- 4차 산업혁명이 공간구조에 미치는 영향은 산업의 도시 집중 경향 강화, 입체복합 공간 수요 증가
- 산업입지에 미치는 영향으로 토지나 교통여건 등에 대한 의존도 감소, 도시공간의 산업기반 역할 강화, 도시 외곽지역에서의 대규모 입지수요 등이 예상

3. 4차 산업혁명시대의 국가 및 기업의 대응동향

□ 국가별 대응 동향

- 미국은 양질의 일자리 창출과 글로벌 경쟁력 향상을 위해 産學政이 협력하는 '첨단제조파트너십 1.0'을 바탕으로 미국 전역에 15개 제조업혁신센터(MII)를 신설하고 이를 연결하는 국가제조혁신네트워크 구축
- 일본은 제4차 산업혁명 민관회의를 설치하고, 유망 성장 시장 창출, 인구 감소와 일손 부족을 보충할 생산성 혁명, 산업 구조를 지탱하는 인재확보 등을 추진
- 독일은 2014년에 신 하이테크전략을 발표하는 등 범정부 차원 혁신기술발전 플랜을 추진하고 있음
- 중국은 중국제조 2025 전략 수립, 인터넷 플러스 전략 등 스마트 산업 핵심기술 경쟁력 향상에 초점을 두는 정책 추진

□ 주요국의 중점 육성산업

- 세계 각국은 자국 산업의 강점 및 환경적 특징을 바탕으로 기술 개발 및 상용화 사업을 추진 중에 있음

표 1 | 주요국의 중점 육성산업

국가명	중점 육성 산업
미국	- 첨단 제조업(센서 등), 정밀의학, 두뇌 이니셔티브, 첨단 자동차, 스마트시티, 청정에너지, 교육용 기술, 우주산업, 고성능 컴퓨터
일본	- 유통·소매, 자동주행, 금융, 의료·건강, 스마트 하우스, 교육, 농업, 관광, 미디어컨텐츠, 스마트 보안
독일	- 산업생산기술, 항공우주, 의료, 기후·환경, 에너지, 정보통신, 자율주행, 인공지능, 고령화 대응
중국	- 반도체, 정보통신, 고정밀 수치제어, 로봇, 항공우주, 해양장비, 교통설비, 에너지, 전력설비, 농업 기계, 신소재, 의료

자료 : KOTRA. 4차 산업혁명시대, 첨단제품 개발 트렌드와 시사점. p 2. Global Market Report 17-014.

□ 주요국의 신산업입지 정책

- 영국은 신 엔터프라이즈 존 사업을 30년 만에 부활하였으며, 이스트 런던 Tech City를 통해 1,600여개(2015) 기업 유치 등 성과 달성
- 미국은 신산업 육성 및 신기술 개발에 초점을 둔 스타트업 뉴욕(Start-up NY), 도심형 기술창업 클러스터를 목표로 브루클린 테크 트라이앵글 재개발사업을 추진하고 있으며, 뉴욕시 내 루즈벨트 섬의 Applied Sciences Campus(ASC)는 학교를 대상으로 하는 산업입지전략을 추진하고 있음
- 프랑스는 프렌치 테크(French Tech) 계획을 통해 디지털 산업 육성에 대한 의지를 표명하고 있으며, 현재 파리를 제외한 9개의 도시(보르도, 리옹, 뚤르즈, 릴, 몽펠리에, 낭뜨, 렌느, 엑상프로방스&마르세이, 그르노블)가 참여하고 있음. 또한 파리의 스테이션 F(Station F)는 프랑스 13구에 역사적인 건물(철도차량기지)을 개조해서 지어진 3만4천㎡(약 1만285평) 규모세계 최대 규모의 스타트업 인큐베이터시설을 갖추고 있음
- 중국은 선전첨단기술산업원구 활성화, 중관촌의 중창공간 공급, 중관촌의 중관촌소프트웨어공원(Z-Park) 조성 등을 추진하고 있음
- 일본은 신성장전략으로 특구제도 도입, 신산업 육성을 위한 겐토(建都)이노베이션파크(간사이 이노베이션 국제전략특구) 조성, 그랜드 프론트 오사카 개발 등 재생사업을 활성화하고 있음

□ 해외기업의 대응동향

- 세계적인 대기업들은 전통적인 전문분야를 기반으로 하드웨어는 상위 응용영역까지, 소프트웨어는 IoT, 클라우드 등을 접목한 신규 비즈니스 영역으로 확장하는 추세이며, 이들 세계적인 대기업들은 글로벌 시장지배력을 무기로 하여 독점 강화 예상
- Siemens는 사물인터넷, 클라우드 컴퓨팅, 빅데이터 등 IoT 정보기술을 활용해 제조업을 혁신시키고 있으며, 자동화, 디지털화에 핵심 역량을 집중하고 있음
- Rockwell Automation은 산업 자동화와 정보 솔루션을 제공하는 세계적인 기업으로 센서 장비, 제어 장비와 같은 하드웨어 인프라에서 네트워크 기술 및 응용 프로그램과 같은 소프트웨어까지 산업 전 분야에 걸친 자동화와 정보 솔루션 제공

- GE('Brilliant Factory')는 IT기업이 되는 것이 목표를 두고 혁신을 추진하고 있음
- 아디다스 스피드 팩토리는 로봇을 활용한 자동 생산 시스템을 갖춘 공장으로 보다 빠르고 고퀄리티의 제품을 소비자들에게 공급하는 것으로 목표로 함
- 테슬라 기가팩토리는 배터리 재료부터 제조·조립까지 일관 생산체제를 갖출 예정이며 로봇이 기계를 만드는 스마트 팩토리를 지향
- 미쓰비시 전기는 스마트팩토리 e-F@ctory를 통해 불량률 "0"을 목표로 제조업 활성화 계획을 추진하고 있음
- 닛산은 글로벌 자동차 디자인을 향상시키기 위한 공학 가상 데스크탑 인프라(VDI) 설비를 구축하여 최신의 자동차 데이터를 연결하는 통합 데이터센터를 구축

□ 국가 및 기업별 대응동향의 시사점

- 글로벌 금융위기로 인한 경제적 위기와 새로운 기술이 가져오는 산업 구조의 지각 변동 등의 여건 변화 속에서 세계 제조업 강국들은 새로운 시장을 선점하기 위하여 정부 차원에서 선제적으로 대응하기 위한 전략 등을 수립·추진
- 전통적인 전문 분야를 바탕으로 수직적, 수평적 영역 확장 추세를 보이고 있는 지멘스, GE, 미쓰비시 등 글로벌 기업들은 전 영역을 아우르는 통합 솔류션을 통해 시장을 선도
- 지멘스, GE 등의 대도시지역으로의 기업입지 사례는 제조업과 같은 기존 산업이 첨단기술과 융합되어 새로운 기업입지의 형태를 보여주는 대표적인 사례임

4. 4차 산업혁명시대의 신산업 입지특성 분석

□ 신산업 기업체 분석

- 신산업 사업체란 인공지능이나 로보틱스 등 "4차 산업혁명 기반기술과 직접적으로 관련된 재화를 생산하는 사업체"를 의미하며, 서동혁 외(2016)의 사례를 참조하여 사물인터넷, 로봇·드론, 3D프린팅, VR·AR, 인공지능·빅데이터의 다섯 개 부문을 신산업 사업체로 선정

- 신산업 사업체는 로봇·드론이 전체 신산업 사업체의 절반가량을 차지하며, 본사 주소지는 전체 사업체의 68.8%가 수도권에 있음
- 신산업 사업체의 본사 기준 대지규모는 평균 3,994㎡, 건물규모는 2,405㎡이며, 신산업 전체 사업체의 절반을 넘는 61.1%의 사업체가 본사 공간을 임대하고 있는 것으로 나타남
- 신산업 사업체의 대부분이 수도권에 집중되어 있는데, 특히 서울에는 다섯 개 기술 분야 모두가 강하게 집적하는 것으로 나타나며, 절반 이상의 사업체가 서울 및 수도권 남부 지역에 집적하고 있는 것으로 나타남
  - 서울 시내에서 신산업 사업체가 가장 많이 집적한 지역은 지하철 2호선 삼성역에서 강남역, 역삼역을 연결하는 테헤란로 일대로 나타남
  - 테헤란로 다음으로 서울 시내에서 사업체 집적경향이 나타나는 지역은 가산디지털단지를 중심으로 한 구로디지털단지 주변 지역임
- 한편 비수도권 지역에서는 집적경향을 관찰하기 어려웠지만, 예외적으로 로봇·드론 분야는 부산이나 울산 등 지방 대도시권역에 다수 사업체가 입지해있는 것으로 나타남
  - 로봇·드론 업종을 제외하면, 비수도권에서 신산업 사업체의 유의미한 집적을 관찰할 수 있는 도시는 대전시뿐임
- 1,130개 전체 사업체를 대상으로 신산업 기술분야별 사업체 집적지 입지패턴 분석을 위해 Local Moran's I 지수를 추정한 결과 수도권에서 HH가 집중적으로 나타남
  - 비수도권 지역에서는 사업체 군집이 거의 발견되지 않았으나, HH 군집으로 식별된 유일한 경우는 대전시 유성구-대덕테크노밸리 일대임

□ 집적지별 사업체 특성 및 입지요인 분석

- 4차 산업혁명시대 신산업 사업체가 군집해있는 대표적인 클러스터로서 강남테헤란밸리, 판교테크노밸리, 가산-구로디지털단지, 대덕테크노밸리 일대로 나타남
- 각 집적지에 소재한 사업체들의 입지 동기를 비교한 결과 강남에 소재한 사업체 중에서 "낮은 임대료"를 입지 동기로 꼽은 경우는 가장 적었으며, 판교에 소재한 사업체들의 경우 훨씬 높은 빈도로 "낮은 임대료"를 입지 동기로 선택하였음

표 2 | 집적지별 사업체 입지요인 비교

항목	강남	판교	가산·구로	대덕·유성	전체
판매시장 접근 용이	3.71	3.33	3.87	3.38	3.59
전문/고급인력 확보 용이	3.93	3.33	3.67	3.69	3.69
낮은 임대료	2.50	3.44	3.33	3.56	3.20
교통의 편리성, 물류비 절감	4.14	4.00	3.80	3.56	3.85
동종업종의 집적	3.21	3.78	3.47	3.44	3.44
주거, 교육 등 생활기반시설 편리	3.57	3.56	3.80	3.38	3.57
대학 및 연구기관과의 접근성	3.21	3.11	3.13	3.06	3.13
벤처캐피탈 및 금융기관과의 접근성	4.00	3.67	3.47	3.38	3.61
법률·회계·컨설팅 기관과의 접근성	3.93	3.67	3.60	3.19	3.57
지자체의 기업지원 서비스 양호	3.29	3.44	3.53	3.38	3.41

자료 : 연구진이 수행한 설문조사 결과를 이용해 각 집적지에 소재한 사업체 응답을 정리

□ 신산업 사업체 거래네트워크 분석

- 신산업 사업체와 거래망을 갖고 있는 업종 분포를 상위 10대 업종(5 digit)을 중심으로 살펴보면, 가장 높은 비중을 차지한 거래업종은 '시스템 소프트웨어 개발 및 공급업'으로 거래처는 모두 160개이며, 전체 거래처 건수의 약 8%를 차지하고 있음
- 신산업 사업체의 공간적인 거래망을 살펴보면, 전체 거래건수의 14.9%가 신산업 사업체와 동일 시·군에서 발생하였으며, 동일 시·군에서의 거래액 비중이 가장 높은 신산업 분야는 인공지능·빅데이터 이었는데 이들 기업의 거래처들은 강남이나 판교와 같은 집적지 주변에 다수 군집하고 있는 경향을 보였음
- 신산업 사업체 전체의 거래처 분포를 시군구별로 살펴보면, 가장 많은 거래처가 관찰되었던 지역은 서울의 강남구였는데 총 256개의 거래처가 집적해 있으며, 신산업 부문별로는 대체로 수도권 지역에 거래처가 집중되고 있으나, 로봇·드론 신산업의 경우 경상권을 중심으로 지방에 거래망이 분산되어 있는 것으로 나타남

□ 신산업 사업체 설문조사 분석

- 신산업 사업체의 경우 현재 지역에서 창업한 비율은 78.7%(163개)로 타지역에서 창업 후 현 지역으로 이전하는 비율인 21.3%(44개)보다 3배 이상 많음

- 주요 연관기관과의 접근성에 있어서는 지원서비스 기관과의 근접성이 생산연관 기관 근접성보다 높게 나타남
- 기업들이 입지를 선정할 때 중요하게 고려하는 입지요인으로 교통 편리성 및 물류비 절감과 함께 전문·고급인력의 확보 용이에 대해서 중요하게 생각하는 것으로 나타남
- 한편 금융 및 법률, 기업지원 등 서비스, 주거 및 생환기반시설의 편리성 등도 입지 요인 시 중요한 항목으로 나타남
- 신산업의 기술집약적인 산업특성상 숙련된 인력확보의 어려움이 가장 큰 애로 사항으로 나타남
- 기업들의 경쟁력 강화를 위한 필요한 지원에 대해서는 세금 및 부담금 감면이 가장 필요한 분야로 응답함

5. 4차 산업혁명시대에 대응한 신산업입지 공급방향

□ 기본방향

- 4차 산업혁명시대에 대응한 신산업 사업체의 입지 특성, 설문조사 결과, 외국의 신산업 사업체의 입지 특성 등을 감안한 신산업입지 공급을 위한 방향을 제시
- 신산업을 육성하기 위해서는 도심지역에서의 산업입지 공급을 확대하고, 기존 산업이 집적한 집적지 형태의 산업입지 공급방안을 마련하며, 임대·공유형 산업 입지 공급 확대, 그리고 기업들의 입지수요를 반영한 소규모 산업단지 및 입체적 입지공급을 확대
- 기존 산업 육성을 위해서는 교외지역에 대량생산을 위한 산업용지를 공급하고, 신산업의 성장단계(확장단계/성숙단계)를 고려한 맞춤형 산업입지 공급방안을 마련하며, 기존 산업의 생산성 향상 등 활성화를 위한 스마트 팩토리 구축과 기존 산업단지 및 공장의 생산환경 개선을 위한 리모델링 사업을 추진
- 산업입지 공급과 함께 기업들의 경쟁력 강화를 위해서는 기업지원정책, 창업 활성화를 위한 지원프로그램 마련 등 통합적인 지원정책 마련

□ 신산업 육성을 위한 산업입지 공급방안

- 청년 창업 활성화를 위해 젊은이들이 많이 모이는 도심지역에 테크기반의 창업을 유도하기 위해 공유형 작업공간(런던 및 서울의 Google Campus, 프랑스 Station F 등)을 다양한 형태로 공급하며, 도심에 공급하는 공유형 공간은 청년 창업기업들을 위해 임대공간으로 공급. 또한 일터와 삶터가 인접한 곳에서 이루어질 수 있는 직주근접형의 산업공간 공급을 위해 아파트 단지 내 공공시설(관리사무소, 노인정)이나 동사무소 등을 스마트 워크센터 등으로 개선하여 공유형 공간으로 제공
- 도심의 고지가와 창업하는 산업의 특성을 반영하여 지하와 1~2층 공간에 공장과 소매점, 그 위층에 상가, 오피스, 연구실, 그리고 최상층에 주거공간을 배치하는 버티컬 산업공간을 공급
- 대학의 시설(식당, 도서관 등)을 활용하면서 작업공간과 휴게공간을 갖춘 공유형 공간을 대학 내 기존 시설을 활용하거나 신규로 산업공간을 공급하며, 또한 연구소의 연구결과를 사업화할 수 있도록 지원하기 위하여 연구소 주변지역에 기술창업을 위한 산업공간을 공급
- 한편 도심 내 기존 산업용지를 타용도로 전환하는 것을 억제하여 도심지역에서의 산업기반 유지를 통하여 새로운 일자리 창출로 인구 유입 및 커뮤니티 활성화 유도(뉴욕(산업고용지구(Industrial Employment District, 창조경제지구(Creative Economy Districts), 주거, 상업, 첨단산업의 복합토지이용지구) 사례 등)
- 신산업의 창업 활성화를 위해서는 창업 단계별로 세제, 자금, 공간, 프로그램 등 다양한 정책을 통합적으로 지원할 필요가 있으며, 창업기업을 위해 세금혜택, 창업 절차 및 폐업 절차 간소화, 그리고 다양한 국가 지원기관, 엑셀러레이터, 공유공간 제공, 단계별 프로그램 제공 등이 필요함

□ 기존산업 활성화를 위한 산업입지 공급방안

- 스마트 팩토리 확산 등으로 노동력에 대한 의존이 감소하면서 대규모 부지의 수요가 도시 외곽지역에서 나타날 것으로 예측됨으로 교외지역에 대량생산시스템을 구축하기 위해 저렴한 용지의 대규모 산업단지를 공급

- 신산업의 창업 이후 확장 및 성숙단계에 이른 기업을 위한 도심 및 도심 주변 지역에 산업입지 공급. 임대 후 분양이나 저렴한 용지의 분양방식을 통해 공급
- 기존 산업들의 생산성 향상을 위해 스마트 팩토리 구축 사업을 지원하는 정책적 지원방안 마련. 특히 중소기업과 함께 대기업의 2, 3차 밴드에 해당하는 소기업들의 스마트 팩토리 구축을 적극적으로 지원
- 한편 산업단지 내에 호텔을 건설하여 공장과 연계한 관광자원을 개발하여 낮에는 공장을 가동시키고 가동이 멈춘 밤에는 호텔을 운영하며 소비자들에게 만족감을 주고, 두가지 프로그램의 운영은 물과 난방, 전기 등 효율적인 자원관리 가능
- 전통제조업으로 집적된 산업단지 및 공장에서의 청년층 일자리 공급을 위해 도로, 녹지, 주거, 문화, 지원시설 등을 공급하는 리모델링 사업을 추진하고 산업단지의 생산 및 생활환경을 향상시키기 위한 산업단지 등급제를 도입

□ 신산업입지를 위한 제도개선방안

- 산업의 융복화와 신산업의 생산특성을 반영하여 산업단지 내 산업시설구역, 물류시설구역, 연구시설구역 등을 산업시설구역으로 통폐합하여 산업기능, 업무기능, 주거기능, 연구기능, 물류기능 등이 복합화 할 수 있도록 하며, 산업단지 내 산업시설구역에 입주 가능한 업종과 기능을 확대하여 모든 기능과 업종이 입주하도록 개선
- 한편 버티컬 공장 등 입체형의 산업공간이 증가할 것에 대응하여 일정 거리안의 분산된 몇 개 빌딩을 하나의 산업단지로 지정할 수 있도록 하는 네트워크형 산업단지 제도를 도입하며, 버티컬 산업공간 공급을 활성화하기 위해서는 산업단지 최소 기준을 부지면적기준과 함께 연면적 기준으로 확대하는 방안 강구
- 버티컬 공장 도입 및 산업의 지방 분산을 위해 분양가격 산정 방식을 현재 조성원가 방식에서 감정가 또는 입찰가격으로 변경하는 분양가격 산정방식 개편을 검토
- 4차 산업혁명시대에는 산업단지에 공급되는 기반시설의 개념을 확대할 필요가 있으며, 기술기반의 창업 활성화를 위한 국가적인 계획을 수립하고 창업 공간 공급과 창업 활성화를 위한 다양한 프로그램을 연계하여 추진

차 례

CONTENTS

표차례

LIST OF TABLES

그림차례

LIST OF FIGURES

CHAPTER 1

연구의 개요

CHAPTER 1

연구의 개요

본 장에서는 연구의 배경 및 필요성과 연구 목적을 서술하였다. 연구의 개념 및 배경, 4차 산업혁명시대의 특성 등을 본 연구에 주안점을 두고 서술하였다. 연구의 흐름과 방법론, 선행연구와의 차별성에 대해서도 함께 기술하였다.

1. 연구의 배경과 목적

1) 연구의 배경

2008년 금융위기 이후 제조업의 침체 등으로 세계경제가 저성장 국면으로 도래하면서 한국경제의 부진과 함께 신규 투자도 감소하고 있다. 이를 돌파하기 위해서는 신기술과의 융합 등 혁신을 통한 기존 산업의 고부가가치화와 생산성이 높은 신산업 창출 등의 산업재편이 필요한 상황이다.

최근 들어 우리나라 주력 및 신산업의 성장을 저해하는 각종 구조적 요인으로 인한 기존 주력산업의 경쟁력이 급격히 약화되는 가운데 신성장산업의 발전이 지연되고 있어 여러 가지 사회경제적 문제를 야기하고 있다.

이러한 상황에서 한국경제의 지속적인 성장을 위해서는 기존 산업의 구조개편과 함께 신산업 육성을 위한 정책이 필요하다.

한편 최근 논의되고 있는 4차 산업혁명은 한국경제의 재도약을 위한 새로운 아젠다를 제시하고 있다. 한국공학한림원(2017)에서는 성장률의 저하와 급격한 기술변화에 대응하기 위한 새로운 국가 아젠다로 4차 산업혁명(독일의 Industry 4.0)과 관련한 정책 추진의 필요성 강조하고 있다. 특히 4차 산업혁명 등 디지털경제의 도래로 예상되는 변화에 적절히 대응함으로써 기존 산업의 구조개편과 신산업 육성의 새로운 계기를 마련할 필요가 있음을 강조하고 있다.

기존 산업구조의 개편과 관련하여 향후 산업의 생산시스템이 제조공정 위주의 산업구조에서 제조 이전 단계의 R&D, 디자인, 설계 등과의 연계와 제조 후의 마케팅, 유통, AS 등 서비스업과의 연계가 불가피해지면서 선택과 집중의 산업구조에서 다각화와 집중으로의 변화가 나타날 것으로 예상하기도 한다(장석인, 2017). 또한 신산업 육성의 필요성을 제기하면서 IoT(Internet of Things), Cloud, Big Data, Mobile(ICBM) 등 새로운 ICT기술과 나노 및 바이오 등 첨단산업 등이 융합, 확산되면서 기존 산업과 미래의 산업에 새로운 비즈니스 모델의 등장을 촉진하고, 기업활동의 변화를 초래할 것으로 예상하기도 한다. 그리고 기존 산업의 초자동화, 초연결성, 초지능화의 특성을 갖는 사이버물리시스템(CPS; Cyber Physical System)에 기반한 스마트 팩토리 등 디지털화를 기초로 하는 새로운 산업생태계를 구축할 것으로 예상되고 있다.

표 1-1 | 주요 국가의 신산업육성 정책 개관

구분	미국	독일	일본	중국
아젠다	• 국가 첨단제조업 전략 계획(2012~14)	• 인더스트리 4.0(2012) • 플랫폼 인더스트리 4.0 (2015)	• 로봇 신전략(2015)	• 제조 2025(2015)
플랫폼	• 클라우드	• 설비 + 단말 플랫폼	• 로봇 + IoT + AI	• 인터넷 플러스 + 제조 + 내수시장
주체	• GE, IBM • 163개 기업 및 단체	• 정부 경제에너지부	• 로봇혁명 이니셔티브 협의회 (148개 기관)	• 국무원 • 인터넷 기업
기본 전략	• AI + Big Data + Cyber 결합 • 2015~2025년 제품 시장진입 사이클 10배 가속화 • 2020년 제조업 공장 운영 75% 자산 중 90% 스마트 제조	• 스마트 생산시스템 구축 • 제조공정 디지털화, 표준화, 데이터 보완, 제도 정비, 인력 육성 등 5개 분야 집중 • IoT, CPS 구축 가속화	• 로봇기반 산업생태계 혁신 및 사회적 과제 해결 선도 • IoT, CPS, AI기반 제4차 산업혁명 주도	• 5대 기본 방침 + 4대 기본 원칙 • 3단계 전략에 의한 강력한 국가 주도 제조 혁신 전략 • 방대한 내수기반의 스마트 도시와 제13차 5개년 계획과 연계

한편 해외 주요 선진국들은 제4차 산업혁명 시대를 선도하기 위한 국가 차원에서의 전략수립을 추진 중에 있다. 특히 4차 산업혁명시대의 새로운 산업 육성정책의 추진과 함께 핵심기술인 IoT, 클라우드 컴퓨팅, 빅데이터, 모바일 인터넷, 인공지능, 로봇 등을 활용한 CPS 기반 확보 및 스마트 팩토리 구축에 주력하고 있다.

우리나라도 4차 산업혁명에 대한 정책적 대응을 2017년부터 본격화하고 있다. 산업통상자원부는 2017년도 업무의 핵심과제중 하나로 4차 산업혁명에의 대응을 제시(산업통상자원부, 2017, 업무보고 자료)하고 있다.

4차 산업혁명시대의 진전에 따른 산업구조와 가치창출체계의 변화는 산업입지와 입지정책에도 중요한 영향을 미칠 것으로 예상된다.

4차 산업혁명의 전개에 적절히 대응하기 위해서는 4차 산업혁명의 특성과 공간에 미치는 영향분석에 기초한 합리적 산업입지 정책방향 마련이 필요하며, 산업의 서비스화와 지식기반산업화를 기반으로 다품종 소량생산방식의 도입과 유연적 생산체제의 도래에 따른 입지공급 방식의 개편이 필요한 실정이다. 특히 대도시로의 산업공간의 이동(metropolitan reindustrialization), 장소기반의 산업생태계(industrial ecosystem)와 글로벌 가치사슬 확대에 따른 산업입지 공급 형태 및 공급지역에 대한 새로운 대안 마련이 필요하다.

따라서 기존 산업이 산업기능이 일자리를 창출하는 형태(people follow jobs)였다면 신산업은 사람과 인재(talents)가 산업을 창출하는 형태(jobs follow people)로 전환됨에 따른 신산업입지 공급방안이 필요하다.

그리고 4차 산업혁명시대의 신산업 및 기존 산업의 활성화를 위한 새로운 산업입지 인프라 공급 방안과 초연결사회 도래에 따른 클라우드화에 기반한 신산업입지(가상의 산업공간) 공급방안, 그리고 산업단지의 토지이용 방식도 '생산+지원시설'(3.0시대)에서 생산+지원+문화가 결합된 복합시설(4.0시대) 입지로 전환이 필요하다.

표 1-2 | 4차 산업혁명 시대의 미래형 산업입지

시기	19세기~20세기 초반	20세기 후반	21세기
패러다임	산업혁명	정보화혁명	디지털혁명
산업단지	산업단지 2.0	산업단지 3.0	산업단지 4.0
생산방식	대량 생산	다품종소량 생산	맞춤형 생산
산업인프라	철도, 도로, 부지	인터넷, 자동화, 공간	와이파이, 스마트화, 플랫폼
기업유형	대기업 주도형 제조업	제조업 + 소프트웨어업	제조업 + 서비스업
입지방식	생산시설	생산+지원시설	생산+지원+문화 등 복합시설 (도심 입지 선호)
인재상	숙련기술자	지식근로자	창의인재
공간유형	물리적 공간 (하드웨어)	디지털 공간 (소프트웨어)	플랫폼 공간 (사이버 + 하드웨어)

2) 연구의 목적

본 연구는 4차 산업혁명시대의 산업구조 변화를 예측 및 분석하고 이들 산업의 입지요인을 도출하여 그에 맞는 산업입지의 새로운 정책방향을 마련하고자 하는 것이다. 이를 위해서는 4차 산업혁명시대의 산업 구조변화를 분석하고, 이들 산업의 입지요인을 조사하여 이들에 필요한 산업입지 공급방안을 제안하였다.

이 연구는 4차 산업혁명시대의 산업(기존 산업 및 신산업)의 입지행태를 분석하고 이에 부합하는 신산업입지 정책방향을 제시하는데 목적이 있으며, 이를 위하여 다음의 과제를 연구하였다. 첫째, 4차 산업혁명이 공간 및 산업입지에 미치는 영향 분석하였다. 둘째, 4차 산업혁명시대의 산업 및 입지 특성을 분석하였다. 셋째, 선진국의 신산업 육성정책과 입지정책을 분석하였다. 넷째, 기존 산업의 디지털화 및 신산업 육성을 위한 입지정책방안을 제시하였으며, 다섯째, 신산업입지 정책을 위한 제도개편 방안을 제시하였다.

그림 1-1 | 연구 흐름도

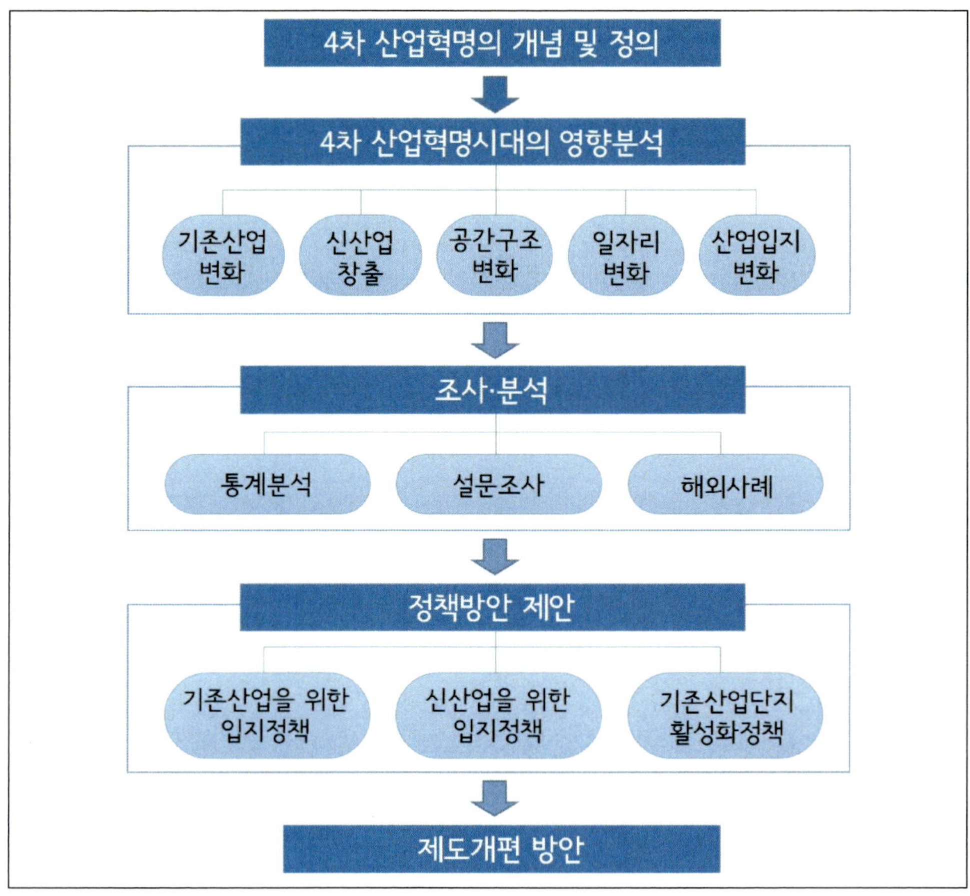

2. 연구의 기대효과

본 연구를 통한 학술적 기대효과로는 4차 산업혁명시대의 개념, 영향 등을 제시하고, 4차 산업혁명시대의 산업 및 입지 분석방법론을 제시하는데 연구의 결과가 기여할 것으로 판단된다.

그리고 정책적 기대효과로는 4차 산업혁명시대의 산업입지 정책방향 제시로 신산업 육성을 위한 입지정책 방향과 기존 산업육성을 위한 입지정책 방향을 제안하는데 기여할 것이다.

3. 연구의 범위 및 방법

1) 연구의 범위

연구의 시간적 범위로는 4차 산업혁명시대 산업의 시계열 변화를 분석하기 위해 시기별, 산업별 특성을 분석하고, 산업별·시기별 입지특성, 산업유형 특성 등을 분석하였다.

공간적 범위로는 전국을 대상으로 하되 세계적인 현황 및 추이를 분석하고, 각 국가별 4차 산업혁명의 특성과 산업정책 및 입지정책을 분석하였다.

2) 연구방법

연구의 방법으로 첫째, 제4차 산업혁명 관련업종의 특성을 기업 DB를 바탕으로 분석하였다. 한국표준산업분류(KSIC) 세세분류(5-digit)에서 4차 산업혁명 관련업종을 정의한 뒤, 기업신용평가기관의 기업DB를 활용해 사업체 입지패턴을 분석하였다. 기업DB를 활용하여 사업체 입지패턴 분석(공간분석 기법 및 시공간분석기법을 이용해 사업체 주소지와 생산지의 입지패턴을 분석한 뒤, 업종별 집적경향과 집적지(hot-spot) 도출), 사업체 이전경로 분석(개별 사업체의 법인등본정보 History를 이용해 주소지 변경내역을 추적하고, 성장주기에 따른 주소지 이전 트렌드(e. g. , 도시→비도시, 비도시→도시)를 업종별로 해석), 사업체 성장에 대한 입지적 영향요인 추정(고용성장, 매출성장, 지식재산 성장을 각각 설명하는 모형을 설계해 입지적 요인(e. g. , 계획입지 여부, 인구규모, 업종 다양성, 인적자본)이 각 지표 성장률에 미치는 효과를 통계적으로 검정) 등의 분석을 수행하였다.

표 1-3 | 한국기업데이터(주) 기업정보DB 변수

변수 유형	변수 목록
기본 정보	종사자 수, 주소지[1], KSIC 세부업종코드, 주요 상품
자산 규모	매출액, 부가가치액, 영업이익액, 총 자산액
대차대조표 정보	유동자산규모, 투자자산규모(금융상품 등), 유형자산규모(토지 등), 무형자산규모(산업재산권 등), 부채액
제조원가명세서	원재료비, 노동관련비용(임금), 복리후생비, 연구개발비, 외주가공비
지적재산 관련	특허 출원 수, 연구실 보유여부, 연구원 수, 기술제휴건수, 실용신안건수, 지적재산권
입지 정보	입지유형, 대지/건물면적, 자가소유여부, 보증금/임대료

1) 법인등본정보 History를 추적해 각 사업체의 주소지 변경내역 수집

한편 4차 산업혁명 관련 산업은 최근의 연구사례인 서동혁 외(2016)의 분류를 기본으로 하되, 기업DB 제공업체 담당자 및 산업전문가와의 협의를 통해 사물인터넷(IoT), 로봇·드론, 가상현실(VR/AR), 3D프린팅, 인공지능·빅데이터 등 5개 산업으로 확정하여 다양한 분석을 수행하였다.

그리고 4차 산업혁명시대의 기술변화에 따른 기존 산업의 변화 추이를 분석하였다. 특히 제조업과 제조 전·후 단계의 서비스업과의 연계성 및 입지 특성, 생산, 인력, 입지 등의 특성을 분석하였다.

둘째 분석방법으로는 사업체 대상 설문조사를 실시하였다. 설문조사는 기업DB가 제공하지 않는 정보를 보완하기 위해 업종별 사업체 설문조사를 추가적으로 수행하였다. 대상 기업은 5개 신산업 업종에 속하는 기업 중 업종별로 대표성이 높은 사업체를 대상으로 설문조사 및 결과를 분석하여, 기업DB의 분석결과를 보완하였다. 대상 기업 선정방식은 기업DB의 한계를 효율적으로 보완하기 위한 조사 의도를 반영하여 임의표집이 아닌 목적표집(purposive sampling) 방식으로 진행하였다. 한편 설문지의 주요 내용은 사업체 기초정보(2016년 기준 종사자 수, 매출액, 수출액, 연구개발인력 수 및 투자비용 등), 사업체 입지정보(주소지, 부지 및 건물 면적, 입지형태(오피스형 공장의 경우 층 수 등)), 업종 특징(응답자가 속한 업종의 생산요소 중요도, 입지형태, 협력업체·경쟁업체·구매자·연구기관과의 지리적 접근성 중요도, 기술습득경로, 기술

변화속도, 규제민감도, 업종 간 융합정도, 제약조건, 성공요인에 대한 자기 평가), 입지 선정 시 고려사항(현재 사업장 입지에 있어 인건비, 토지가격, 인력확보, 협력업체 연계, 고객 접근성 등이 얼마나 중요했는지에 대한 척도형 문항 설계), 신산업입지 정책에 대한 선호도(산업입지 정책 세부 항목별 중요성에 대한 척도형 문항 설계), 응답자 정보(응답자 직위, 부서, 경력년수 등) 등을 조사하였다.

한편 기업DB와 설문조사 결과를 교차하는 입지특성을 해석하였다. 설문조사를 통해 수집된 개별 사업체의 정성적인 정보는 기업DB 자료와 매칭될 때 더 풍부하게 해석될 수 있으므로 기업DB 분석에서 특정 업종이 "얼마나 도시입지에 입지하는지"가 조사된다면, 설문조사 분석은 그 업종의 사업체들이 "왜 도시입지를 선호하는지"에 대한 정보를 제공할 수 있으므로 본 연구는 기업DB에서 추정한 입지경향 변수와 설문조사로부터 추정한 입지동기 변수를 교차해 정책적 시사점을 도출하였다.

그림 1-2 | **분석방법론 세부요소 및 정책개선안과의 관계 도식화**

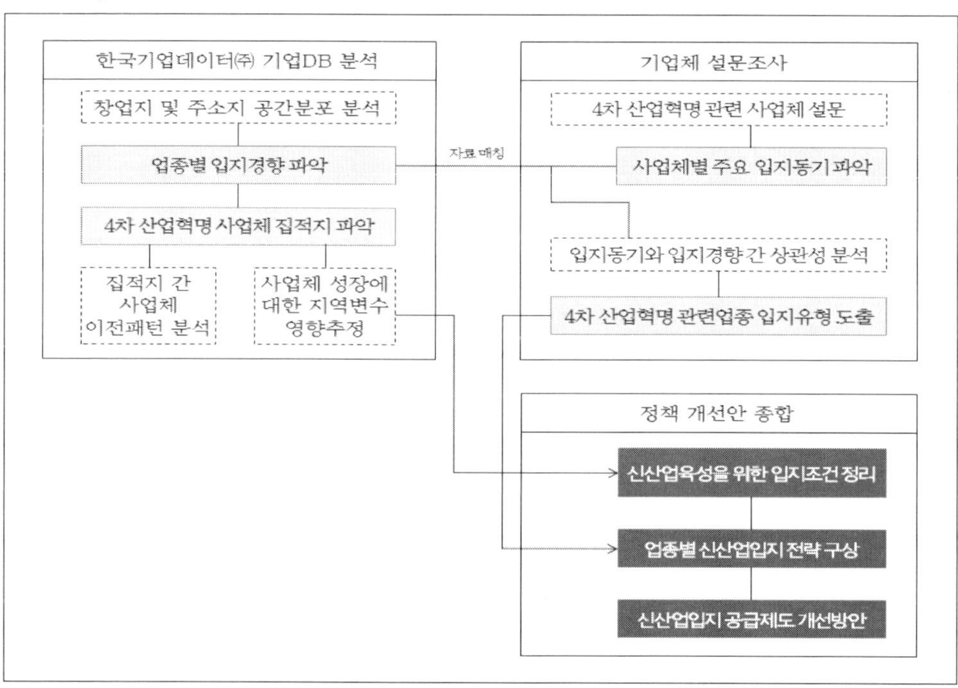

4. 선행연구와의 차별성

1) 선행연구 현황

4차 산업혁명시대의 특징과 이에 대응한 신산업입지를 다룬 연구는 드물기 때문에 본 연구를 위해서 새로운 경제시대의 등장에 따른 신산업의 육성방안과 신산업에 따른 입지 공급방안에 관한 연구로 나누어 살펴보았다. 새로운 경제시대의 도래에 따른 신산업의 육성에 대한 연구로는 "산업 패러다임 변화에 따른 미래 제조업의 발전전략(2015년)", "미래 산업을 둘러싼 메가트랜드와 우리 산업에의 시사점(2015년)" 등의 연구가 있으며, 주로 패러다임 변화에 따른 기존 산업에 대한 영향과 이에 따른 신산업 육성방안에 대한 연구가 주를 이루고 있으며, 이를 위한 입지정책에 대한 연구는 미흡한 실정이다.

신산업 육성을 위한 입지공급방안에 대한 연구로는 "저성장시대의 일자리 창출을 위한 신산업입지 전략 연구(2013년)", "산업단지 경쟁력 강화방안 마련을 위한 연구(2013년)", "지역경제활성화를 위한 도시형 산업입지 공급방안 연구(2012년)", "산업공간 수요변화에 대응한 신산업입지 정책 방향(2012년)" 등이 있으며, 이들 연구는 신산업입지를 다루고는 있지만 제4차 산업혁명시대의 새로운 패러다임 변화에 대응한 입지공급방안의 연구로는 미흡한 부분이 있다.

한편 산업입지 정책을 제안한 연구들은 "제조업의 서비스화 진전에 따른 입지정책 방향 : 산업단지 내 지식서비스업을 중심으로(2012년)", "지역경제 활성화를 위한 도시형 산업입지 공급방안 연구(2012년)", "저성장시대의 일자리 창출을 위한 신산업입지 전략 연구(2013년)", "사회·경제 여건변화에 대응한 미래 지향적 산업입지 전략 연구(2016년)", "도시산업공간 인벤토리 분석을 통한 산업입지 정책방안 연구(2016년)", "지역산업 및 입지특성을 고려한 도시첨단산업단지 개발방향(2016년)", "4차 산업혁명이 한국 제조업에 미치는 영향과 시사점(2017년)" 등에서 제안하는 산업입지 정책 방안을 분석하여 본 연구에 정책방안 제시의 기초자료로 활용하였다.

2) 기존 연구의 정책제안분석

기존 연구 중 김진영 연구(제조업의 서비스화 진전에 따른 입지정책 방향 : 산업단지 내 지식서비스업을 중심으로, 2012, 한국산업단지공단)에서는 첫째, 맞춤형 입지공간으로 공공임대형 지식산업센터의 공급을 확대하고, 지식산업센터에 한해 지식서비스업의 입주규제 개선, 둘째, 산업단지 내 제조업과의 연계성이 높고 타 산업에 대한 파급효과가 큰 지식서비스업종을 중심으로 입주허용 확대 등을 제안하였다. 서연미 외 연구(지역경제 활성화를 위한 도시형 산업입지 공급방안 연구, 2012, 국토연구원)에서는 첫째, 산업입지 개념의 확대와 산업단지 유형구분의 개선방안으로 도시지역의 산업입지공급을 위해서는 현재 부지면적 중심으로 규정된 산업단지의 개념을 기업의 입지를 위해 계획적으로 개발된 공간 전체를 포괄하는 개념으로 확대, 둘째, 서비스업 입주기준의 완화와 용도의 복합화 방안으로 산업시설용지내 입주가능한 시설의 구체적 범위를 정하고 산업단지 내 산업시설용지의 면적기준(50% 이상) 완화, 사업시행자 요건 완화, 건축사업 추진 시 적용되는 이익의 재투자 조건 완화, 셋째, 도시형 산업입지 개발에 부합하는 지원제도 개편방안으로 기반시설 지원대상(내부도로와 주차장 등)을 개편하고, 국고지원 도시첨단산업단지의 규모를 하향조정, 넷째, 도시형 임대 산업입지의 개발방안으로 공장건축사업을 수반하는 임대산업단지 개발에 대한 민간의 참여를 대폭 확대하며, 적정 임대료 산정기준 마련 등을 제안하였다. 강호제 외 연구(저성장시대 일자리창출을 위한 신산업입지 전략, 2013)에서는 내생적 성장기반의 확충을 통한 창조적 지역기반 마련, 연구개발과 창업 등 지방의 창조적 역량 제고, 고용친화형 지역정책으로의 전환 등 3가지 정책방안을 제시하였으며, 특히 연구개발과 창업 등 지방의 창조적 역량제고 방안으로 산업단지를 대상으로 하는 산학융합지구 지정조건을 완화하여 도시 내 산업집적지 등에 대해서도 지정이 확대될 수 있도록 허용하고 대학시설을 활용한 창업보육사업에 대해서는 학교법인의 수익용 재산에 대한 적정 수익률 규정 완화 필요 등을 제안하였다. 그리고 강호제 외 연구(사회·경제 여건변화에 대응한 미래지향적 산업입지 전략 연구, 2016, 국토연구원)에서는 첫째, 산업입지 정책수단의 차별화 방안으로 신성장산업의 발전을 위해 지정되는 도시첨단산업단지의 경우에는 지역개발사업이나 균형발전보다는 기업지원과 산업발전 차원에서 공급 필요, 둘째, 산업입지 공급체계 효율화 방안으로 신규개발을 수반하지 않으며 사후적으로 지정되는 '지구·구역 형태'의 입지유형에 대해서는 계획입지에 포함시키지 않고, 신규개발보다 기존 집적지에 대한 재생에 대한 지원을 강화, 셋째, 공유형 산업입지 공급확대 방안으로 소규모 공유형 산업단지(건물의 일부 층 혹은 소규모 건물이 집단화된 지역)를 허용하고 산업단지에 준하는 조세감면, 기타 시설지원 등이 가능하도록 산업입지법(제45조) 관련 규정의 개편 등을 제안하였다. 장철순 외 연구(도시산업공간 인벤토리 분석을 통한 산업입지 정책 방안 연구, 2016, 국토연구원)에서는 도시산업 육성을 위해 도시산업 개념 재정립 및 입주업종 확대, 도시첨단산업단지 활성화, 도시산업 입지공급을 위해 기존 공업지역을 새로운 생산공간으로 재창조, 지속적인 인벤토리 구축 등을 제시 하였다. 조혜영 연구(지역산업 및 입지특성을 고려한 도시첨단산업단지 개발방향, 2016, 한국산업단지공단)에서는 첫째, 도시지역의 첨단지식산업 육성을 위한 입지공급, 둘째, 경제활동이 공간적으로 분산되는 추세와 더불어 소규모 산업단지가 활성화됨에 따라 산업단지 간 연계 및 산학융합지구 조성사업과의 연계 강화, 셋째, 도시지역에 소규모 첨단산업의 입지지원을 위해 장기간 임대 형태로 도첨산단 내에 조성하되, 저가로 공급하기 위해서는 공공 주도의 개발사업을 추진하고, 생산, 주거, 문화, 교육, R&D가 공존하는 직주근접형 '복합도시' 형태의 개발을 지향 등을 제안하였다.

한편 산업연구원 연구(4차 산업혁명이 한국 제조업에 미치는 영향과 시사점, 2017)에서는 첫째, 경쟁원천의 변화로는 기존의 산업 간 수직적 분업관계에서 수평적 협업관계로 대전환하면서 외부 역량의 활용 능력이 기업의 경쟁원천이 될 것이며, 가치사슬의 중요성이 제조·조립에서 SW·플랫폼 구축으로 급격하게 변화할 것이며, 고용에서는 양적변화와 아울러 질적인 측면에서도 구조변화가 진행될 것으로 예상하였으며, 둘째, 비즈니스의 변화로는 신산업의 출현과 조기 시장 진입을 위해 신속한 규제 개선과 아울러 선제적으로 필요한 좋은 제도의 마련이 필요하며, 4차 산업혁명의 초기에는 투자비용 부담이 용이한 글로벌 대기업을 중심으로 시작될 것으로 보이지만, 기술이 발전하면 진입비용이 낮아지면서 중소기업의 적용 확대가 가능할 것으로 예상되므로 이를 지원하기 위한 공공 인프라 구축의 필요성을 제안하였으며, 셋째, 산업구조의 변화로는 그 동안 형성되어 온 산업구조의 변화를 촉진하고 다양한 형태와 양상으로 분화하면서 미래의 산업은 현재와는 다른 산업구조로 전환 될 것으로 전망하였다.

3) 차별성

선행연구들은 패러다임 변화가 산업에 미치는 영향에 대한 연구와 신산업입지정책에 대한 연구가 있으나 이를 복합적으로 다룬 연구는 아직 미흡한 실정이다.

따라서 본 연구는 새로운 경제시대인 4차 산업혁명시대의 경제의 특징과 입지요인 등을 분석하고, 이를 위한 새로운 입지정책을 제안한다는 점에서 차별성이 있으며, 향후 산업입지 정책을 위한 사전적 기초연구로서 활용하고자 하는 측면에서 차별성이 있다.

표 1-4 | 선행연구와의 차별성

구분		선행연구와의 차별성		
		연구목적	연구방법	주요 연구내용
주요 선행 연구	1	•과제명: 산업 패러다임 변화에 따른 미래 제조업의 발전전략 •연구자(년도): 서동혁 외(2015) •연구목적: 자동차산업, IoT 등에 따른 신산업 발전 방안 등 제시	•국내외 문헌 검토 •기존 자료 분석 •계량분석	•산업패러다임 변화와 제조업의 발전 •스마트카 발전전망과 미래 포지셔닝 •융복합 소재산업의 발전전망과 미래 포지셔닝 •융합바이오·스마트헬스케어의 발전전망과 미래 포지셔닝
	2	•과제명: 미래 산업을 둘러싼 메가 트랜드와 우리 산업에의 시사점 •연구자(년도): 최윤희 외(2015) •연구목적: 메가 트랜드 분석과 한국 산업에의 시사점 도출	•국내외 문헌 검토 •통계자료 분석	•한국 산업의 발자취 •미래의 글로벌 메가 트랜드 •글로벌 메가 트랜드의 한국산업에의 영향 •한국 산업의 대응방안
	3	•과제명: 저성장시대의 일자리 창출을 위한 신산업입지 전략 연구 •연구자(년도): 강호제 외 (2013) •연구목적: 연구개발업 등 신산업의 지역적 현황 분석을 통하여 일자리 창출효과를 분석하고 향후 산업입지 정책방안을 제시	•국내외 문헌 검토 •통계 및 설문조사 분석 •지역사례비교분석	•일자리 중심의 패러다임 변화와 지역별 산업별 일자리 현황 •신산업입지 정책을 위한 지역별 산업별 일자리 실증분석 •지역산업 육성 및 산업입지 정책의 일자리창출효과 분석 •지역발전과 일자리 창출을 위한 신산업 입지정책방안 •결론 및 정책과제
	4	•과제명: 산업단지 경쟁력 강화방안 마련을 위한 연구 •연구자(년도): 장철순 외(2013) •연구목적: 산업구조 변화 등에 대응한 산업단지의 지속적인 성장방안 제시	•국내외 문헌 검토 •설문조사 •계량분석 •정책분석	•산업단지 경쟁력강화 필요성 •산업입지제도의 현황과 문제점 •외국의 산업입지제도 •산업단지 경쟁력 강화를 위한 설문조사 •산업단지 경쟁력 강화 방안
	5	•과제명: 지역경제활성화를 위한 도시형 산업입지 공급방안 연구 •연구자(년도): 서연미 외(2012) •연구목적: 대도시의 지역경제 활성화 차원에서 기존 공업지역 활성화와 신규 산업단지 공급방안 제시	•국내외 문헌 검토 •기존 자료 분석 •계량분석 •정책분석	•이론검토와 국내외 정책동향 •대도시산업입지 실태분석과 유형화 •도시형 산업입지 특성과 정책과제 •도시형 산업입지 공급을 위한 정책과제 •결론 및 향후 과제
	6	•과제명: 산업공간 수요변화에 대응한 신산업입지 정책 방향 •연구자(년도): 박종배 외(2012) •연구목적: 기술발전과 산업간 융복합화에 대응한 새로운 산업단지 공급방안 제시	•국내외 문헌 검토 •패널데이타분석	•산업환경 변화에 따른 입지수요의 패턴과 시사점 •제조업의 서비스화 진전에 따른 입지정책 방향 •우리나라 산업단지 수급실태와 정책방향 •산업단지 내 복합용도 개발용지 도입방안
본 연구		•디지털경제시대의 기존 산업의 구조고도화와 신산업의 등장에 따른 새로운 입지공급방안을 제시함으로써 향후 산업입지 정책의 기초자료로 활용하고자 함	•국내외 문헌 검토 •관련 이론 및 법제도 검토 •관련 전문가의 의견수렴	•디지털 경제시대의 특성 분석 •디지털 경제시대의 신산업 특성 분석 •디지털 경제시대의 입지 공급방안 •산업입지 공급정책 방안 제시

CHAPTER 2

4차 산업혁명시대의 개념 및 영향 분석

CHAPTER 2

4차 산업혁명시대의 개념 및 영향 분석

본 장에서는 4차 산업혁명의 개념 및 영향분석을 위해 4차 산업혁명의 개념, 4차 산업혁명에 따른 사회·경제적 파급효과, 공간구조 및 산업입지에 미치는 파급효과 등을 분석하였다.

1. 4차 산업혁명의 출현 배경과 개념

4차 산업혁명에 대한 다양한 개념 정의를 참조하여, 우리나라의 산업입지정책에서 고려하여야 할 개념적 틀을 정립

1) 4차 산업혁명의 출현 배경

4차 산업혁명에 대해서는 학자에 따라 다양한 의견이 있지만 4차 산업혁명의 발생에 대해서는 독일에서 시작하였다는 것에는 어느 정도 일치하는 의견을 보이고 있다.

독일은 사업용 부동산세, 세금 및 높은 인건비에도 불구하고 경쟁력 있는 제조기지가 되기 위한 방안을 강구하면서, 이에 대한 대안으로 2011년 독일 엔지니어 협회(Verein Deutscher Ingenieure)는 미래 생산구조에 적합한 다양한 기술을 개발·보급하는 프로젝트인 'INDUSTRY 4.0'을 제안하였다. 이러한 제안은 2011년 하노버 산업박람회를 통해 이를(Industry 4.0) 발표하면서 독일은 자신들의 강점인 제조업에 IT를 결합하는 출발점으로 삼았으며, 이를 계기로 4차 산업혁명의 시발점이 되었다고 할 수 있다. 독일은 이후 미래 성장동력 정책인 'Hightech Strategy 2020' 10대 과제에 'Industry

4.0'을 포함시켜 본격적으로 정책화하였다.

제4차 산업혁명은 독일의 인더스트리 4.0이라는 개념과 유사하게 세계적인 금융위기 극복과 저성장시대를 타개할 수 있는 대안으로 논의되기 시작하였다. 모바일 인터넷과 빅데이터 처리기술 등 새로운 정보통신기술이 사회 전역으로 확산되고 나노나 생명공학 등 새로운 산업이 등장하고 이들 산업과 기존 산업이 정보통신기술과 융합됨에 따라 산업생산과 가치체인 전체에 큰 변화가 발생하였으며, 이러한 기술적 변화는 일자리 특성의 변화, 신흥시장에서의 중산층 증가 등과 같은 사회적 요인과 결합되어 변화를 가속화 할 것으로 예상(WEF, 2016)하였다.

4차 산업혁명으로 인한 산업생태계의 급진적 변화를 야기하는 핵심기술은 연구에 따라 차이는 있으나 정보통신기술이 다른 신기술과 융합됨으로서 나타난다는 점에서는 동일하다. Deloitte(2015)는 산업계 전반에 걸친 새로운 기술혁신을 가속화하는 촉매기술로 생명공학과 뇌공학, 나노기술, 신에너지 기술, 정보통신 및 모바일기술, 센서기술, 3D 인쇄, 인공지능, 로봇기술, 드론 등을 제시하였으며, 세계경제포럼(WEF, 2016)에서는 최근 나타나고 있는 가장 중요한 산업생태계 변화의 요인을 모바일 인터넷과 클라우드 기술이며, 다음으로는 빅데이터 기술, 신에너지 기술, 사물인터넷 등의 순으로 제시하였다.

2) 4차 산업혁명에 대한 일반적인 정의

4차 산업혁명은 디지털과 바이오산업, 물리학 등 3개 분야의 융합된 기술들이 경제체제와 사회구조를 급격히 변화시키는 기술혁명(클라우스 슈밥)을 칭하는 개념으로 2016년 세계경제포럼에서 처음으로 제시하였다. 기업들이 제조업과 정보통신기술(ICT)을 융합해 작업 경쟁력을 제고하는 차세대 산업혁명인 '인더스트리(Industry) 4.0'이나 한국에서 추진하는 '제조업혁신 3.0 전략'과 같은 개념(매경용어사전)으로 정의되고 있다.

한편 출현 시기나 개념의 유사성 등을 고려하면 4차 산업혁명이란 용어는 인더스트리 4.0의 대중화된 표현으로도 간주가 가능할 것이다.

4차 산업혁명이라는 용어는 현재 나타나고 있는 변화가 급진적·혁명적인 것(revolution)인가 또는 점진적 발전(evolution)인가라는 논쟁의 소지가 있으며 따라서 일부에서는 인더스트리 4.0이라는 표현을 선호하기도 한다.

인더스트리 4.0은 제품 생명주기 전반에 걸친 가치 창출 네트워크의 조직 및 관리 체계의 새로운 형태이며, 네트워킹을 통해 중요 정보를 실시간으로 사용하고 사람, 객체, 시스템의 연계를 통한 실시간 최적화 및 지능화를 실현하여 결국엔 가치창출 네트워크 전체가 통합되고 자율적으로 조직되는 것(독일연방정보통신협회, 독일기계설비공업협회, 독일전기전자산업연맹, 2013년)으로 정의하고 있으며 이는 결국 IoT에 기반한 네트워크 연결성의 증가(초연결성)로 인하여 나타나는 산업계의 변화(W. MacDougall, 2014)가 나타날 것으로 예상하기도 한다.

4차 산업혁명은 인공지능에 의해 고도의 자동화와 연결성의 극대화(초연결성)으로 인해 나타나는 산업계의 변화(UBS, 2016)라거나, 4차 산업혁명은 제3차 산업혁명을 주도한 ICT 또는 디지털기술을 기반으로 물리학, 생물학 분야의 기술이 상호 교류와 융합하면서 이전의 산업혁명과는 비교할 수 없을 만큼 새로운 사회 경제적 변혁을 초래(장석인, 2017)한다고 정의하기도 한다. 그리고 4차 산업혁명은 정보통신기술을 바탕으로 인공지능과 빅데이터, 그리고 로봇기술 등이 융합된 기술혁신(김홍배, 2017)이라고 정의하기도 한다.

3) 4차 산업혁명의 정의

4차 산업혁명이 문자 그대로 혁명적 변화를 급진적으로 야기할 것인가에 대한 이견이 있으며, 4차 산업혁명으로 인한 변화의 급진성과 심각성 및 포괄성을 강조하는 경향이 일부 있으나 최근에는 이와 다른 견해를 지닌 연구도 다수 발간되기도 한다. World Bank(2016)는 디지털화의 진전이 기대보다 빠르지 않을 것이며 이로 인한 변화도 점진적일 것으로 전망하고 있으며, 인터넷의 범세계적 보급 속도 등을 고려할 때 4차 산업혁명의 주요한 동인으로 꼽히는 디지털화의 진전이 급진적으로 나타나기는 곤란할 것이라고 전망하기도 한다. 또한 노동(일자리)에 대한 비관적 전망 또한 새로운 기술 변화기에 늘 있었으나 그 변화의 방향은 예상보다 비관적이지 않다라는 주장도 있다.

세계경제포럼 회의 이후 4차 산업혁명에 대한 다양한 개념 정의가 이루어지고 있으나 슈밥의 개념정의를 일부 보완하는 수준이며, 디지털화의 세계적 확산을 본질로 한다는 점에서는 동일하다. 4차 산업혁명은 데이터에서 새로운 가치를 창출하는 디지털화 시대로 사람과 사람, 사람과 기기, 기기와 기기 등이 연결되는 네트워크의 중요성이 강조되며, 이러한 네트워크 확산에 따른 혁신으로 하이퍼 로컬(장소의 제약을 뛰어 넘음), 하이퍼 모바일(세상에 존재하는 모든 모바일 연결), 하이퍼 스케일(협업의 범위 확장) 등이 나타날 것으로 예상(노키아 라우리 부사장, IT 동아, 2017. 10. 11)하기도 한다.

따라서 본 연구에서는 4차 산업혁명은 산업『혁명』이라는 문자 그 자체를 강조하기 보다 기술의 융합으로 인한 중요한 변화가 산업생태계와 사회 전반에 걸쳐 광범위하게 진전되고 있다는 경향성의 의미로 해석하는 것이 타당할 것으로 보인다. 즉, 4차 산업혁명은 원인과 결과가 뚜렷한 하나의 사건이 아닌 '연결성이 고도화된 사회에서 지속적 기술 변화와 산업적 적응, 새로운 비즈니스 모델의 창출과 경제관계의 재편성이 연속·누적적으로 발생하는 현상'이라고 할 수 있다.

2. 4차 산업혁명의 경제 · 사회구조에 미치는 영향

4차 산업혁명의 공간적 영향을 전망하고 지역개발 및 산업입지정책의 과제를 도출하기 위하여 4차 산업혁명의 진전이 기존 산업과 신산업의 출현에 미치는 영향, 일자리에 미치는 영향 등에 대해 분석

1) 4차 산업혁명이 산업발전에 미치는 영향

4차 산업혁명시대의 새로운 산업인 인공지능과 3D프린팅, 신경기술, 퀀텀 컴퓨팅, 유전자 편집 등 기술 간의 융합은 초연결성과 초지능화로 나타날 것이며 이는 산업생태계의 변화를 초래할 것이다. '초연결성(Hyper-Connectedness)'으로 향후의 기술변화가 물리적 공간과 디지털 공간, 그리고 생물학적 공간의 경계를 희석시켜 융합의 방향으로 전개될 것이며, '초지능화(Hyper-Intelligent)'로 인공지능이나 빅데이터 분석과 같은 고도의 정보통신 기술이 접목됨으로써 생산공정이 고도로 지능화 될 것이다. 이 같은 변화에 따라 소품종 대량생산을 전제했던 기존의 자본집약적 공장 체제는 적합성을 점차적으로 잃게 되는 반면에 '온디맨드 경제(On-Demand Economy)' 및 '공유경제(Sharing Economy)'의 흐름에 적응할 수 있는 대안적인 산업조직이 등장할 것으로 전망된다.

초연결성과 초지능화의 진전에 따라 4차 산업혁명은 기존의 물리적 시스템과 사이버시스템이 결합된 사이버물리시스템(CPS; Cyber Physical System)을 통해 새로운 가치를 창출할 것이다. 사이버물리시스템이란 물리적 공간의 고감도 센서들이 수집한 정보가 실시간으로 사이버 공간에서 처리된 뒤 다시금 물리적 세계로 환류되어 장비들의 움직임과 효율성이 제어되는 생산원리로서 생산공정의 모든 단계와 설비가 지능형 네트워크에 통합된다면, 유휴자원이나 인력의 효율적 관리가 가능할 뿐 아니라 예기치 않은 상황 변화에도 일사불란한 대응이 손쉽게 가능할 것이다. 이러한 효과에 주목해 McKenzie(2015) 보고서는 사물인터넷(CPS) 도입에 따라 제조업의 노동생산성이

20%에서 25% 증가할 것으로 예상했으며, 에너지 효율 역시 10~20% 증가하리라 예측한 바 있다.

4차 산업혁명은 산업 전반에 걸쳐 큰 변화를 가져올 것으로 전망되는데 가장 눈에 띄는 변화는 융합을 통해 산업간 경계가 급진적으로 무너지게 될 것이라는 점(Mcgrath, 2013)이다. 다양한 기술간의 융합과 산업 간·산업 내 융합화는 기존에 분류되던 산업의 구분을 무의미하게 할 것이며, 기존의 제품이 가지고 있던 기능으로는 수용할 수 없을 만큼의 제품의 등장을 촉진하게 될 것이다. 이에 따라 '산업(industry)'을 대체하는 '영역(arena)'[1]의 새로운 개념이 미래에 다가올 시장 환경을 새롭게 설명해 줄 것으로 예상된다. 이렇게 될 경우 기존의 특정 산업 중심의 경쟁력 분석과 이에 입각한 정책 수립은 다양한 '영역'에서 벌어지는 상황들에 적절히 대응하기가 어렵다는 비판에 직면할 것이다.

또한 4차 산업혁명의 진행에 따라 소비자의 다양한 요구에 대응한 대량 맞춤(Mass Customization)생산이 크게 확산될 것으로 전망(P. Ramin, 2016)된다. 세상은 점점 더 다양화, 복잡화되어지고, 개인의 성향이 보다 중시되는 세상으로 변해가며, 이러한 변화에 대응하기 위해 대량생산 체제를 가지면서도 다변화된 요구에 맞출 수 있는 '유연하면서도 효율적인 생산체계'를 구축해 나가는 것이 4차 산업혁명의 골자라고 할 수 있다.

이러한 변화에 대응하기 위해 '디지털화' '스마트화' '연결화' 등 세 가지를 필수 요소로 하는 스마트공장 등의 중요성이 대두될 것이다. 디지털화는 제품을 제조하는 공장인 '물리적인 공장' 관련 요소들과 활동을 디지털기술로 접목하고 이를 응용·설계, 현장 모니터, 검증하는 과정이 순환적으로 무한 반복됨을 의미하며, 스마트화는 사람이 개입하지 않아도 스스로 이룬다는 자율의 의미이며, 무인화 공장, 자동화 공장 보다는 기계에 물린 공장물의 재료가 딱딱한지, 부드러운지를 스스로 알아차리고 기계가 힘을 달리 조절할 수 있는 능력을 말하며, 그렇게 일한 결과를 기계가 기억했다가 다음 기회에 다시 응용하거나 다른 설비와도 정보를 공유하면서 사용하는 능력이라고 할 수 있다. 연결화는 모든 사물(사람을 포함한), 즉 공장 안에 모든 원료, 아직 완성되지 않거나

1) '영역'은 특정 고객집단, 제공되는 제품과 서비스, 그리고 이 둘을 이어주는 장소로 구성됨

완성된 제품, 기계, 설비들이 정보의 공유 차원에서 온오프로 연결하게 될 것이다.

우리나라에서도 이러한 산업구조 변화에 대응하기 위해 스마트화와 서비스화, 친환경화 및 플랫폼화를 4가지 정책방향으로 설정(산업부·대한상의, 신산업 창출 정책과제. 2016. 12)하였다.

스마트화는 사물·사람·제품·서비스 등이 파괴적 기술과 접목, 연결, 지능화할 것이며, 경쟁요소는 기술·가격·품질이 나아가 연결·지능화를 통해 새로운 가치가 될 것이며, 생산방식은 소품종 대량생산에서 맞춤형 유연생산체제로 전환될 것이며, 경쟁단위는 단순 제품에서 시스템으로 확대될 것이다.

서비스화는 제품단위에서 제품과 서비스, 서비스 중심 비즈니스 모델로 전환이 가속화될 것이며, 설계, SW, O&M 등 전후방 서비스부문으로 포트폴리오가 강화될 것이다. 그리고 연관 서비스 등 새로운 서비스 탄생으로 서비스 범주가 확대되고, 기존 서비스도 새로운 서비스로 고도화될 것이다.

친환경화는 온실가스 감축 및 환경 규제에서 저탄소·친환경 신산업 창출로 이동할 것이며, 4차 산업혁명의 기술 혁신이 친환경적으로 가속화할 것이다. 산업적인 측면에서의 친환경화는 수요 예측·맞춤형 최적 생산으로 자원이용의 효율 극대화가 가능할 것이며, 에너지는 수요관리 최적화, 분산된 재생에너지 확대 이용 등이 나타날 것이다.

플랫폼화는 다수의 제품과 서비스를 서로 연결하고 통합하는 매개체로서 플랫폼 경쟁이 심화될 것이며, 상품은 다양한 제품·서비스와 연결될 것이며, 비즈니스는 온라인 플랫폼 활용으로 거래비용의 최소화가 가능하고, 산업은 글로벌 표준 선점을 통해 산업 내 주도권 확보가 가능할 것이다.

또한 여러 부처에서 새로운 기술을 수용하는 신산업 육성정책을 추진하고 있다. 미래창조과학부는 관계부처 합동으로 미래성장동력 종합실천계획을 발표하고 19대 미래성장동력산업의 육성을 위한 추진과제 및 로드맵을 제시하였으며, 산업통상자원부는 제조업혁신 3.0의 기조 아래 12대 신산업의 육성 전략을 제시하였다. 그리고 국토교통부는 2017년 업무계획 자료에서 자율주행차와 드론 등 7대 국토교통 신산업을 발표하고 이를 적극 육성할 예정이다.

표 2-1 | 부처별 신산업 업종

구분	신산업 육성업종
미래창조과학부 19대 미래성장 동력산업 (2016.3)	• 5G 이동통신 • 스마트카 • 실감형 콘텐츠 • 착용형 스마트기기 • 지능형 사물인터넷 • 지능형 반도체 • 고기능 무인기 • 지능형 로봇 • 빅데이터 • 융복합소재 • 가상훈련시스템 • 맞춤형 웰니스케어 • 심해저/극한환경 해양플랜트 • 스마트 바이오 생산시스템 • 초임계 CO_2 발전시스템 • 첨단소재 가공시스템 • 재난안전관리 스마트시스템 • 신재생에너지 하이브리드 시스템 • 멀티터미널 고압직류 송배전시스템
산업통상자원부 12대 신산업 (2016.12)	• 전기 · 자율차 • 스마트선박 • IoT가전 • 로봇 • 바이오헬스 • 항공 · 드론 • 프리미엄 소비재 • 에너지신산업 • 첨단신소재 • AR/VR 매출 • 차세대디스플레이 • 차세대 반도체
국토교통부 7대 신산업 (2017.1)	• 자율주행차 • 드론 • 스마트시티 • 공간정보 • 제로에너지빌딩 • 리츠 • 해수담수화

2) 4차 산업혁명이 일자리에 미치는 영향

4차 산업혁명에 대한 대중적 관심은 산업의 변화 못지않게 그로 인해 발생할 일자리의 특성변화와 규모 변화에 있다. 특히, 4차 산업혁명의 효과에 대한 연구들의 다수가 AI 보급과 고도의 자동화로 인한 일자리의 감소를 예견하고 있다.

4차 산업혁명의 특징 중 하나인 고도의 자동화는 기존 일자리 구조에 큰 변화를 야기할 것으로 예견되고 있다. 3차 산업혁명의 전개는 반복적인 신체업무(routine physical tasks)의 자동화와 오프쇼어링(offshoring)을 가능하게 했으며, 반면 4차 산업혁명은 반복적인 인지업무(routine cognitive tasks)의 상당 비중을 기계화할 뿐 아니라, 개발도상국 노동자들이 수행하던 반복적인 생산공정을 급진적으로 압축하리라 전망(Sirkin et al., 2015)된다.

이에 따라 단순 반복적 작업은 물론 중위 수준의 숙련을 요하는 작업까지도 기계에 의해 대체될 것이며, 그 결과 숙련에 따른 일자리의 양극화가 심화될 것이라는 전망이 각계에서 제시되고 있다. 세계경제포럼(WEF, 2016)은 2020년까지 인공지능과 로봇의 보급으로 인해 전 세계(중국 등 일부 국가 제외)에서 일자리 710만 개가 소멸되고, 200만 개가 창출되어 전체적으로 약 510만 개의 일자리가 감소할 것으로 예상하고 있으며, 또한 인간이 수행하던 업무의 45%가 자동화되어 고숙련·창조직군 위주의 노동시장 개편이 불가피하리라는 전망도 제시(Chui et al., 2016)하고 있다. 나아가 세계은행에서는 자동화의 증가는 OECD 35개국 일자리의 57%와 중국내 일자리의 77%를 위험에 빠트릴 것이며, 현재 초등학생의 65%는 현재에는 없는 직업에 종사하게 될 것이라고 전망(World Bank 2016, Benioff M., 2017 재인용)하고 있다.

김한준(2016)의 연구에 의하면 우리나라에서도 향후 기술적 요인(전산화/자동화/인공지능/생명공학 등)에 의해 전체 일자리의 약 45%가 영향을 받을 것으로 조사되었으며, 현재 종사하는 직업에서 일자리가 증가할 것인가 혹은 감소할 것인가에 대한 질문에 대하여 응답자의 44.7%는 일자리가 줄어들 것이라고 응답했으며, 증가할 것이라고 응답한 사람은 13.3%, 변화 없을 것이라고 응답한 사람은 42.0%로 나타났다. 일자리 변화에 대한 인식은 직업에 따라 극명하게 다른데 '금융및보험관련직' 종사자의 81.8%가 기술적 요인에 의해 자신의 분야 일자리가 감소할 것이라고 한 반면에, '사회복지및종교관련직' 에서는 13.6%만이 일자리가 감소할 것이라고 하였다.

다만, 이러한 비관적 전망에도 불구하고 노동의 대체와 일자리의 상실은 경제발전의 한 부분으로 간주하여야 하며, 역사적으로 그러하였듯이 이러한 변화로 인해 새로운 일자리가 창출되고 생산성이 증가할 것이라는 지적도 대두(World Bank, 2016)되고 있다. 맥킨지의 전세계 일자리 보고서[2]에 따르면 공장자동화로 2030년까지 8억명이 직업을 잃지만 대신 8억 9천개의 새로운 일자리가 생긴다고 추정하기도 한다.

한편, 4차 산업혁명은 일자리의 규모뿐 만 아니라 일자리의 특성에도 중요한 영향을 미칠 것으로 전망되는데, 이는 크게 다음의 4가지로 요약(http://blog.naver.com/sddg2015/220872454539)된다. 첫째, 일하는 방식에서 긱 이코노미 방식이 증가할 것으로 예상된다. 긱 이코노미(gig economy)는 1920년대 미국 재즈공연장 주변에서 필요에 따라 연주자들을 섭외하여 공연한 것에서 유래된 용어로 수요(프로젝트)가 발생할

2) 중앙일보, 2017. 11. 30., B3.

때마다 단기 계약직이나 임시직 방식의 인력을 충원하는 방식의 일자리를 말한다. 둘째, 생산방식의 우버화가 더욱 활성화될 것으로 예상된다. 우버화(Uberization)는 모바일 앱을 통해 차량과 승객을 바로 연결해 주는 모바일 차량 공유서비스에서 유래된 용어로 중개자 없이 수요자와 공급자가 직접 특정한 재화나 서비스를 주고 받는 모델로 수요-공급 과정에서 필요했던 사회적 비용을 절약할 수 있게 할 것이다. 셋째, 개인의 일하는 양식으로 하이퍼 워킹이 일반화될 것으로 예상된다. 하이퍼 워킹은 시간과 장소의 제약 없이 일할 수 있는 일하는 방식과 업무환경 여건의 변화로 작업시간과 공간의 유연성이 증대될 것으로 예상된다. 넷째, 웹 및 모바일 기반 중심의 업무들이 소비자 수요에 따라 다양한 형태로 발생하게 되며, 소비자 수요에 종속된 자영업자 또는 1인 기업 탄생이 활성화될 것이다.

한편 4차 산업혁명의 하위 개념으로 사용되는 『프로젝트 경제』나 『플랫폼 경제』라는 표현은 이러한 일자리 특성의 변화를 칭하는 것으로, 이로 인해 사이버 작업공간이나 소규모 공유(협업)공간의 필요성이 증가할 것으로 전망된다.

3) 4차 산업혁명이 사회구조에 미치는 영향

4차 산업혁명이 사회구조에 미치는 영향과 관련하여 가장 일반적으로 지적되는 현상은 숙련에 따른 일자리의 양극화와 이로 인한 중산층의 축소 가능성이다. 4차 산업혁명의 최대 수혜자는 이노베이터(innovator)이다. 이노베이터는 투자자, 주주와 같은 물적·지적 자본을 제공하는 사람들이다. 이에 따라 노동자와 자본가 사이 부의 격차는 갈수록 커질 수 있다.

그러나 세계경제포럼(WEF, 2016)에서 전망한 4차 산업혁명의 도래가 신흥시장에서 중산층의 증가와도 관련되어 있다고 볼 때 중산층의 괴멸과 같은 급격한 변화를 예단하기는 어렵다고 전망하고 있다. 세계은행(World, 2016) 또한 세계의 인터넷 보급률이 아직 일부에 지나지 않으며, 급격히 증가할 가능성이 낮다는 점 등을 고려할 때 중산층의 소멸과 같은 극단적 변화를 예단하기 곤란하다고 지적하기도 한다. 다만 현재의 기술적 변화에 대해 정책적 개입이 없을 경우 부의 편중과 같은 문제는 피할 수 없으며, 이에 어떻게 대처하는 가에 따라 변화된 4차 산업혁명의 수용속도에도 차이가 있을 것으로 예상된다. UBS(2016)는 기술적 발전의 수용력은 지역이 지니고 있는 사회적·물리적 인프라에 의해 큰 영향을 받을 것으로 지적하고 있다.

4차 산업혁명의 적극적 옹호자인 세계경제포럼이 최근 포용적 경제나 포용적 발전에 관심을 기울이는 이유도 이러한 관점에서 이해할 수 있을 것으로 보인다.

3. 4차 산업혁명이 공간구조 및 산업입지에 미치는 영향

4차 산업혁명에 대응한 산업입지정책의 함의를 찾기 위하여 4차 산업혁명에 따른 산업적 특성의 변화 등이 공간구조나 산업입지에 어떠한 영향을 미치는가를 분석

1) 4차 산업혁명이 공간구조에 미치는 영향

4차 산업혁명이 공간구조에 미치는 영향에 대해서는 다양한 의견이 제시되고 있으며, 이중 대부분은 정보통신기술의 발달에 따른 시공간의 압축과 연계될 것이라는데 대부분 동의하고 있다. 이러한 변화 중 다수는 정보통신기술의 발달에 따른 결과로 이미 진행되고 있는 현상이라고 할 수 있다.

4차 산업혁명에서 고급인재의 중요성이 증가함에 따라 IT혁명 이후 나타나기 시작한 산업의 도시 집중 경향은 더욱 강화될 것으로 전망된다. 산업이 일자리를 창출하는 형태(people follow jobs)에서 사람과 인재가 산업을 창출하는 형태(jobs follow people)로 전환됨에 따라 교육·생산·생활·문화가 구비된 도시에서의 일자리 창출의 확대(남기범, 2016)가 예상된다. 이와 더불어 정창무(2017)는 고급지식노동자들의 근무시간에 대한 압박이 커지게 되면 이동거리 단축에 대한 공간수요가 급증하게 되고, 그에 따라 도시 공간 역시 모든 기능을 하나로 모은 입체복합공간에 대한 수요가 증대하게 될 것으로 예상하고 있다. 이에 따라 이제까지 도시계획은 용도의 분리를 십계명처럼 지켜왔으나 미래 도시의 공간구성은 용도의 분리보다는 혼합이 더 생산적이며, 아이디어 교류와 즉시성을 확보하기 위한 유연한 사무공간과 도시공간의 입체복합화 필요성이 더욱 증대(정창무, 2017)할 것으로 예상하고 있다. 특히 이러한 토지의 입체복합이용은 산업 간, 직종 간 다양한 교류를 촉진시켜 사회적 자본을 강화(Nabil, Noha Ahmed & Gehan Elsayed Abd Eldayem, 2014)할 것이라고 진단하기도 한다.

이러한 기존 연구들을 요약하면 4차 산업혁명이 지역발전이나 공간구조에 미치는 영향은 크게 개별 건물이나 소지역 단위의 영향, 개별 도시 단위의 영향, 전체 국토공간 상에서 공간구조(대도시 집중 등)에 미치는 영향 등 3가지 범주로 구분이 가능할 것이다.

개별 건물이나 소지역 단위의 영향으로는 기술 융합에 따른 프로젝트 경제 및 플랫폼 경제의 진전으로 인해 공유(협업)공간의 필요성이 지속적으로 증가(Müller B. et al, 2014)할 것이며, JLL(2016)의 추정에 의하면 2030년까지 선진국 사무공간의 20~30%, 동남아시아 사무공간의 10~15%를 공유(협업)공간이 차지할 것으로 전망하고 있다.

도시 단위의 영향(Müller B. et al, 2014)으로는 4차 산업혁명의 진전에 따라 교외화된 산업시설의 도시내 입지가 가능해짐에 따라 Compact City의 구현이 촉진되고 복합용도 토지이용이 증가할 것이며, 이러한 현상은 4차 산업혁명의 촉매기술로 인해 소단위 생산이 가능해진다는 점 및 환경친화적 생산이 가능해진다는 점과 연관되어 있다. 산업혁명 시기별 도시발전의 특징을 간략히 요약하면 다음과 같다.

표 2-2 | 산업혁명과 도시발전

산업혁명			
1차 산업혁명 : 수력 및 증기기관을 활용한 기계생산	2차 산업혁명 : 전력에 기반한 분업 및 대량생산의 보입	3차 산업혁명 : 전자 및 IT의 보급에 따른 자동화의 진전	4차 산업혁명 : 사이버-물리 시스템
18세기 말	**19세기 말~20세기 초**	**1970년대**	**현재**
농촌의 도시화, 도시와 공장의 분리	도시의 확장과 용도지역의 분리	도시와 농촌의 분리	복합적 토지이용: 공장의 도시로의 회귀
	Urban Sprawl	Eco-city Compact City	Intelligent Ubiquitous Smart City / Inclusive Integrated Smart City
도시발전			

국토의 공간구조에 미치는 영향으로는 4차 산업혁명은 혁신역량이 높은 지역과 그렇지 못한 지역의 격차를 더욱 확대할 것(Dittrich P. J. 2016)이며, 따라서 일반적으로 경제활동의 대도시 집적이 가속화될 것으로 예견하고 있다. Dittrich(2016)는 이러한 현상이 Digital Divide에 기인하는 것으로, 국가 단위로는 ICT 기반 구축이 양호한 국가가, 지역단위로는 숙련노동력의 확보와 ICT 활용이 유리한 혁신적 지역이, 기업 단위에서는 관련 기술과 시설의 습득 및 직원의 교육훈련이 용이한 대기업이 유리할 것이라고 지적하고 있다. 이러한 점에서 정창무(2017)는 우리나라에서도 4차 산업혁명은 수도권의 성장과 지방의 쇠퇴를 야기할 것으로 예견하고 있다.

2) 4차 산업혁명이 산업입지에 미치는 영향

4차 산업혁명으로 인한 가장 큰 변화는 산업구조에서 나타날 것이며, 이로 인한 산업입지에서의 변화도 클 것으로 예상된다.

우선 산업구조(부지 필요없는 업종 활성화), 일자리 형태(긱 이코노미, 플랫폼일자리, 프로젝트 일자리) 생산-소비 일체형(3D 프린팅을 활용한 생산, 생산공정 자체 필요 없음), 1인기업 활성화 등에 따른 산업입지는 산업입지의 개념 자체에 큰 변화가 나타날 것이다. 또한 제조업에서는 중장대형 생산 및 디자인이 소규모 분산시스템으로, 그리고 공해발생과 소비적인 생산과정이 청결하고 지속가능한 시스템으로, 그리고 비숙련 근로자 필요에서 고학력과 특수한 기술의 요구로 대체되고 있어 이에 대응한 입지 공급이 필요한 실정이다.

그리고 팹랩(Fab Lab : 제품 아이디어를 가진 다양한 사람이 시제품을 만들 수 있도록 제작설비를 구비한 장소)과 같은 형태의 제조공간이 제공되면서 이곳에서 사람들은 개인이 무엇이든 제조하거나 변형할 수 있으며, 모든 사람들이 아이디어를 쉽게 현실화 할 수 있게 되면서 공장이 차고에서 개인의 주문을 받아 물건을 제조하는 시대가 다가 오고 있다. 개인의 일하는 양식이 하이퍼 워킹으로 일반화되면서 시간과 장소의 제약 없이 일할 수 있는 일하는 방식과 업무환경 여건의 변화로 작업시간과 공간의 유연성이 증대될 것으로 예상된다.

4차 산업혁명시대에는 입지선택 시 고도의 자동화와 초연결성이 확대되면서 토지나 교통여건과 같은 입지요인에 대한 의존도를 줄일 것으로 예상된다. 규모의 경제효과 감소로 기업단위와 생산시설의 규모도 축소되는 경향을 보일 것이며, 이는 대규모 산업단지의 조성과 입지 필요성을 감소시킬 것이다. 제조업의 입지에서 운송비가 보다 덜 중요해짐에 따라 집적효과를 감소시키는 결과로 작용하고, 지리적 집중에 의한 경제효과도 감소시킬 것(김영수 외, 2017)으로 예상하고 있다.

4차 산업혁명시대에는 고급인재의 중요성이 증가함에 따라 IT혁명 이후 나타나기 시작한 산업의 도시 집중 경향은 더욱 강화될 것으로 전망된다. 4차 산업혁명시대에는 첨단센서와 사물인터넷의 확대로 실시간 데이터들이 확보될 것이며, 이들 빅데이터를 분석할 수 있는 전문가와 기술자 등 창의적인 인력, 우수한 기술인력 등의 중요성이 커질 것이다. 이들 인력이 많이 집중되어 있는 곳에 제조기업들이 집적되는 경향을 보일 것이고, 새로운 기술에 대한 교육과 훈련 프로그램이 잘 갖추어진 도시지역이 제조업의 클러스터로서 기능하게 될 것이다.

신기술 관점에서 보면, 도시공간이 가지는 산업적 역할은 확대될 것으로 보인다. 3D 프린팅에 의한 생산방식은 맞춤형을 요구하는 소규모 생산에 적합하다고 할 수 있다. 규모의 경제효과를 줄임으로써 공장과 기업의 규모가 작아지는 결과를 가져올 것이다. 적은 토지만을 사용하는 작은규모 제조업의 대도시권 입지를 촉진하는 요인으로 작용할 것이다. 또한, 폐기물과 소음을 줄임으로써 상업과 주거시설 가까운 곳에 입지하는 것도 가능하게 될 것이다.

한편 자동차, 가전, 조선, 철강, 화학 등 전통적인 제조업은 생산혁신을 위해 산업인터넷을 활용한 스마트 팩토리 도입이 활성화될 것이며, 이로 인해 도시 외곽지역에서의 부지 수요는 지속적으로 나타날 것으로 예상된다. 4차 산업혁명이 기존 산업에 미치는 영향은 기술 혁신을 통한 생산의 변화, 즉 제조업 혁신(scale up)을 추구하고자 하는 것으로 제조업의 혁신을 위한 스마트 팩토리의 도입이 나타날 것으로 예상된다. 스마트 팩토리는 공장이 스스로 판단하고 이에 따라 작업을 수행할 수 있는 지능화된 공장을 의미하며, 공장자동화가 단순히 사람의 노동력을 대체하는 수준이라면 스마트 팩토리는 다양한 장소에서 다양한 방법으로 수집된 정보를 바탕으로 공장 스스로 공정 최적화나 생산 스케줄 수립 등과 관련된 의사결정을 내릴 수 있다는 점에서 큰 차이(장재현, 정재훈, 2016)를 보인다.

4차 산업혁명시대의 산업인터넷을 활용한 스마트 팩토리 확산 등으로 노동력에 대한 의존이 감소하면서 기존 제조업의 입지 자율성(footloose)이 높아져 대규모 부지의 수요가 도시 외곽지역에서 나타날 것으로 예측된다. 미국의 첨단제조 프로그램으로 연방정부 주도로 발족된 연구개발 컨소시엄인 SMLC(Smart Manufacturing Leadership Coalition), 일본의 IVI(Industrial Value-chain Initiative) 등은 지능형 시스템을 공장에 적용하여 제조업을 강화하는 프로그램으로, 연구개발 및 부품의 생산에서 최종 제품의 조립까지를 자연스럽게 이을 수 있는 생태계를 구축하면서 산업입지의 규모화가 나타날 것으로 예상된다.

CHAPTER 3

4차 산업혁명시대의 국가 및 기업의 대응동향

CHAPTER 3

4차 산업혁명시대의 국가 및 기업의 대응동향

본 장에서는 4차 산업혁명시대에 미국, 일본, 독일, 중국 등 여러 나라의 신산업 육성정책과 세계적인 대기업들의 스마트 팩토리 등의 도입실적 등을 조사 분석하고 이에 대한 우리의 대응 방안을 제시하였다.

1. 국가별 신산업 육성정책

4차 산업혁명시대가 다가오면서 다양한 산업이 초연결성, 초지능화 기반으로 융복합되고 새로운 기술로 산업 구조의 지각변동이 전망되면서 제조업 강국들은 새로운 시장을 선점하기 위한 주도권 쟁탈 경쟁에서 살아남기 위해 정부 차원의 신산업 육성 전략을 수립하고 있다. 또한, 산학연 연계 플랫폼으로 신기술 개발 생태계를 구축하는 등 새로운 시대를 대비하고 있다(전기신문. 2017. 5. 16. 독일·일본의 4차 산업혁명 대응정책과 시사점, KDB Report, 2017. 4. 등을 재편집).

1) 미국의 제조업 혁신센터(MII) 설치

미국은 양질의 일자리 창출과 글로벌 경쟁력 향상을 위해 産學政이 협력하는 '첨단 제조파트너십(Advanced Manufacturing Partnership : AMP) 1.0'을 2012년 공식 입안하였으며, 이어 2014년에는 오바마 전 대통령이 이를 법제화하면서 AMP 2.0을 시작하였다. AMP 2.0은 신기술 확보를 위한 국가적 전략을 마련하고 자금을 조성하는 한편,

첨단 제조 자문 컨소시엄을 구성, 공공·민간 R&D 인프라 조성, 국가제조혁신네트워크 설립, 스타트업을 위한 투자펀드 조성 및 세금 혜택 등을 주요 골자로 하고 있다. 제조업 혁신센터 사업을 위해 2012년 10억 달러를 투자해 미국 전역에 15개 제조업혁신센터(MII)를 신설하고 이를 연결하는 국가제조혁신네트워크 구축 계획을 발표하였다. MII(Manufacturing Innovation Institute)는 기업, 학계, 정부가 참여하는 연구소의 역할을 수행하며, 연구 성과를 국가 전체적으로 공유함으로써 국가 R&D 투자와 기술 상용화을 촉진하는데 목적을 두고 있다. 2017년 3월 현재 9개 MII가 운영되고 있으며, 향후 10년간 45개로 확대하는 방안이 고려하고 있다.

표 3-1 | 제조업 혁신센터 설치현황

센터명	지역	설립년도	주요 연구 분야	예산(만달러)
National Additive Manufacturing Innovation Institute	Youngstown, Ohio	'12. 8	3D 프린팅, 적층가공	50,000
DMDII(Digital Manufacturing and Design Innovation Institute)	Chicago, Illinois	'14. 2	디지털 제조 및 설계	7,000
ALMMII(Lightweight Materials Manufacturing Innovation Institute)	Detroit, Michigan	'14. 2	경량 금속 제조	7,000
Next Generation Power Electronics Institute (PowerAmerica)	Raleigh, North Carolina	'14. 12	와이드 밴드갭 반도체 기술	7,000
IACMI(Institute for Advanced Composites Manufacturing Innovation)	Knoxville, Tennessee	'15. 6	폴리머 섬유 강화 복합재 제조	7,000
American Institute for Manufacturing Integrated Photonics (AIM Photonics)	Rochester, New York	'15. 7	집적 광자 제조	11,000
NextFlex(Flexible Hybrid Electronics Manufacturing Innovation Institute)	San Jose, California	'15. 8	플렉시블 전자 장비 및 센서	7,500
Advanced Functional Fabrics of America (AFFOA)	Cambridge, Massachusetts	-	섬유·직물	예산협의중
Smart Manufacturing Innovation Institute	Los Angeles, California	-	스마트 제조	예산협의중

자료: https://en.wikipedia.org/wiki/National_Network_for_Manufacturing_Innovation을 바탕으로 재작성

2) 일본의 신산업구조 비전 추진

일본은 2016년 4차 산업혁명 선도전략으로 '신산업구조비전'을 제시하였다. 신산업구조비전은 인구감소라는 사회적 과제를 해결하고, 소비자의 잠재적 수요를 창출하는 새로운 비즈니스 모델을 창출하며, 빅데이터를 부가가치의 원천으로 활용하겠다는 전략이다. 이러한 전략을 추진하기 위해 4차 산업혁명의 사령탑으로 '제4차 산업혁명 민관회의'를 설치하고, 유망 성장 시장 창출, 인구 감소와 일손 부족을 보충할 생산성 혁명, 산업 구조를 지탱하는 인재확보 등을 목표로 하고 있다. 또한 4차 산업혁명 추진을 위해 개인정보보호법 등 법 정비·운용 상황을 검토하고 행정 데이터의 오픈화, 데이터 거래환경 정비, IT인재 두배 확대 등을 추진할 계획이다. 보다 구체적으로는 사이버 보안 보험을 본격 도입하고 중요 인프라에 관한 제도를 정비하는 등 사이버 보안대책 강화에도 나서고 있으며, 아울러 공유 경제, 데이터 활용을 위한 신 서비스와 규제, 공적부문의 민간 개방 등 새로운 사회에 맞지 않는 분야별 규제를 개혁하는 한편, 샌드박스형 특구 등을 추진할 예정이다.

3) 독일의 범정부 차원 혁신기술발전 플랜 추진

독일은 2006년 '하이테크전략' 발표 이후 범정부 차원의 혁신기술발전 마스터플랜을 추진해 오고 있다. 2010년에는 하이테크전략 2020을 발표하고, 기후·에너지, 건강, 영양, 모빌리티 안전, 통신 등 5대 분야 과학기술 선도 목표를 내세웠으며, 2012년에는 '인더스트리(Industry) 4.0'을 하이테크전략 2020의 10대 미래 프로젝트의 하나로 편입했다.

2014년에 신 하이테크전략을 발표하였으며, 신 하이테크전략에는 디지털경제 및 사회를 비롯해 지속가능한 경제 및 에너지, 혁신적인 일터, 건강한 삶, 스마트 모빌리티 등 5대 우선 과제와 스마트 서비스, 스마트 데이터, 클라우드 컴퓨팅, 에너지 연구, 녹색 경제, 미래 도시, 혁신 서비스, 전기 이동성 등 다양한 세부 실행 과제에 대한 기술발전 계획을 수립하였다.

4) 중국의 스마트 산업 핵심기술 경쟁력 향상 초점

중국은 구조적 저성장을 의미하는 '뉴노멀' 시대 진입으로 경기 둔화와 고령화 등 성장 잠재력이 약화되고 있어, 새로운 성장 모멘텀의 필요성을 느껴왔다. 특히 제조업 부문 글로벌 1위 국가지만, 스마트 산업 경쟁력의 근간이 되는 핵심 기술력 부문의 경우 선진국과 격차가 크다는 한계를 절감해 왔다.

중국은 독일의 인더스트리 4.0을 벤치마킹한 '중국제조 2025' 전략을 수립, 글로벌 제조강국 대열에 진입하는 것을 목표로 삼아 4차 산업혁명 시대에 대비해 나가고 있다.

중국제조 2025는 2016년부터 2020년까지 13차 5개년 계획의 제조업 산업정책으로 5대 중점 프로젝트 계획과 10대 육성산업이 명시돼 있으며, 2025년 제조강국 국가 진입, 2035년 세계 제조강국 중 중간 수준 도달, 2049년 세계 제조 강국 중 최상위 수준 도약 등 제조강국 도약의 3단계 발전전략과 비전이 제시돼 있다. 특히 혁신역량과 질적 성과, IT제조업 융합, 친환경 성장 등 관련 성과를 보여줄 지표를 만들고, 연차별 달성 목표를 설정하는 등 구체적인 추진절차까지 마련하였다.

이와 함께 중국은 인터넷, ICT와 경제사회 각 분야의 융합을 위한 '인터넷 플러스' 전략을 발표하고, 산업구조 전환과 업그레이드, 산업플랫폼 확장을 통해 2025년까지 신경제 생태계를 구축해나갈 계획으로 경제 및 사회 발전, 기초인프라 육성, 환경 조성 등 신성장 동력 창출을 위한 4개 목표와 IT·제조업의 통합관리 시스템 구축, 첨단 스마트 설비 및 관련 기술 국산화 수준 제고, 인터넷 인프라 개선 등 7대 행동계획을 추진하고 있다.

표 3-2 | 주요국의 4차 산업혁명 관련 정책

국가	주요 정책
미국	• 첨단 제조 파트너쉽(Advanced Manufacturing Partnership, AMP) • 국가제조혁신네트워크(National Network for Manufacturing Innovation, NNMI) • 미국 혁신전략(Strategy for American Innovation)
일본	• 新 산업구조비전 • 제 4차 산업혁명 민관회의
독일	• 국가기술발전 종합계획 2020(High-Tech Strategy 2020) • Industry 4.0
중국	• 중국제조 2025(Made in China 2025) • 인터넷 플러스(Internet +)

자료 : KOTRA. 4차 산업혁명시대, 첨단제품 개발 트랜드와 시사점. p 4. Global Market Report 17-014.

2. 주요국의 중점 육성산업(타겟 산업)

세계 각국은 4차 산업혁명시대를 맞아 국가의 지속적인 경쟁력 강화를 위해 자국에 적합한 자국 산업의 강점 및 환경적 특징을 바탕으로 기술 개발 및 상용화 사업을 추진 중에 있다.

미국은 첨단제조, 정밀의학, 청정에너지, 첨단 자동차 등을 중점 육성할 예정이며, 일본은 유통·소매, 금융, 의료·건강, 스마트 하우스, 교육, 농업, 관광, 미디어컨텐츠, 스마트 보안 등을 중점 육성 산업으로 선정하였다.

독일은 산업생산기술, 항공우주, 의료, 기후·환경, 에너지, 정보통신, 자율주행, 인공지능, 고령화 대응 등 기존 제조업의 집중 육성을 염두에 두고 있다.

중국은 반도체, 정보통신, 고정밀 수치제어, 로봇, 항공우주, 해양장비, 교통설비, 에너지, 전력설비, 농업 기계, 신소재, 의료 등 기존 산업과 신산업 육성을 도모할 예정이다.

표 3-3 | 주요국의 중점 육성산업

국가명	중점 육성 산업
미국	• 첨단 제조업(센서 등), 정밀의학, 두뇌 이니셔티브, 첨단 자동차, 스마트시티, 청정에너지, 교육용 기술, 우주산업, 고성능 컴퓨터
일본	• 유통·소매, 자동주행, 금융, 의료·건강, 스마트 하우스, 교육, 농업, 관광, 미디어컨텐츠, 스마트 보안
독일	• 산업생산기술, 항공우주, 의료, 기후·환경, 에너지, 정보통신, 자율주행, 인공지능, 고령화 대응
중국	• 반도체, 정보통신, 고정밀 수치제어, 로봇, 항공우주, 해양장비, 교통설비, 에너지, 전력설비, 농업 기계, 신소재, 의료

자료 : KOTRA. 4차 산업혁명시대, 첨단제품 개발 트랜드와 시사점. p 2. Global Market Report 17-014.

3. 주요국의 신산업 입지정책

1) 영국의 신산업입지 정책

(1) 신 Enterprise Zones 사업

영국의 대표적인 산업입지 정책수단인 엔터프라이즈 존(Enterprise Zones, 이하 EZs)은 마거릿 대처 및 존 메이저 총리가 이끌던 보수당 정부시절인 1981-1996년 사이에 영국 전역에 총 38개의 엔터프라이즈 존이 운영되었던 제도였다.

신 엔터프라이즈 존 사업은 캐머런 보수당연립정부의 재무장관 조지 오스본의 2011년 예산안(2011 Budget) 및 Plan for Growth[3] 발표(2011년 3월)를 통해 30년 만에 부활하였다.

신 EZs제도는 입지규제 및 계획허가를 완화하고 각종 세제 혜택을 제공하는 예외적 산업입지 지역 지정이라는 측면에서 캐머런 정부의 엔터프라이즈 존은 80년대 대처 보수당정부 시절의 그것과 크게 다르지 않으나 운영방식이나 엔터프라이즈 존의 규모 등에서 차이를 둠으로써 과거 정책의 약점을 보완하였다. 특히 입지 측면에서 단순히

3) HM Treasury and BIS, The Plan for Growth, March 2011, p. 33.
https://www.gov.uk/government/publications/plan-for-growth--5

물리적으로 쇠퇴를 겪고 있는 지역보다는 높은 성장 잠재력을 가진 소규모 지역을 선정하여 지역의 수요와 발전방향에 맞추어 지역 스스로가 산업, 그리고 지원방법을 선택·운영하였으며, 운영주체 측면에서도 과거 1980년대 (준정부조직인) 도시개발공사(UDCs)가 주축이 되고 많은 예산이 들어갔던 대규모 인프라사업 방식을 지양하고 지역발전 파트너십인 LEP가 주도하도록 하는 등 제도 개선이 이루어졌다.

현재 잉글랜드에는 총 48개의 EZs가 운영되고 있거나 계획되어 있으며(Ward, 2016), 최근(2016년) 영국정부의 사업평가에 따르면 엔터프라이즈 존 사업은 약 635개의 사업체로부터 24억 파운드의 민간투자를 EZ 내에 유치하였으며 세계적인 수준의 비즈니스 인프라를 갖추고 교통연계를 확충함으로써 약 24,000개의 일자리를 창출하였다고 평가[4]되고 있다.

한편 신 엔터프라이즈 존을 확장하기 위해 UEZs, FEZs 등의 사업을 추진하고 있다. 2014년 7월 4개의 UEZs(University Enterprise Zones)를 선정하였으며, 하이테크 기업이 대학근처에 입지하여 대학 및 LEP과 협력활동을 강화하도록 하는 취지에서 마련되었다. 시범사업에 선정된 4개 엔터프라이즈 존은 Bradford(디지털 의료기술), Bristol(로보틱스, 생명과학, 보건의료과학), Nottingham(첨단제조, 항공우주, 에너지), Liverpool(센서기술)(Ward, 2016)이다.

또 다른 형태의 EZs 사업으로 2015년 Food Enterprise Zone(FEZs)를 선정[5]하였으며, 스코틀랜드[6]와 웨일즈[7]에서도 잉글랜드와 유사한 EZs 사업이 진행 중이다.

(2) 이스트 런던 Tech City

이스트 런던 테크시티(Tech City)는 영국 이너 이스트 런던(Inner East London)의 쇼디치(Shoreditch) 지역에 밀집한 하이테크 클러스터를 말하는데, 과거 노동자들의

4) https://www.gov.uk/government/news/jobs-boom-continues-in-enterprise-zones
5) https://www.gov.uk/government/news/food-enterprise-zones-created-to-drive-growth
6) http://www.gov.scot/Topics/Economy/EconomicStrategy/Enterprise-Areas
7) https://businesswales.gov.wales/enterprisezones/

낙후된 주거지역으로서 비즈니스 환경이 열악한 탓에 임대료도 저렴하여 1990년대 중반들어 닷컴 붐이 있을 때 20개 정도의 하이테크 기업이 들어섰으며, 2008년 금융위기를 전후로 올드 스트리트 교차로(Old Street Roundabout) 주변을 중심으로 임대료가 저렴한 공장이나 창고건물에 중소 테크 스타트업이 하나 둘 들어서기 시작하면서 '실리콘 라운드어바웃(Silicon Roundabout)'이 본격적으로 관심을 받게 되었다.

그러나 실리콘 라운드어바웃 지역이 급속하게 성장하게 된 계기는 2010년 11월, 영국 수상 데이비드 카메론이 이스트런던의 쇼디치와 올드 스트리트(Old Street) 및 새롭게 구성되는 올림픽 파크(Olympic Park)를 실리콘 벨리와 같이 세계 최고의 테크시티(Tech City)로 키우겠다는 계획을 발표하면서부터 시작되었다.

2010년 200개 수준이던 지역 기업수가 급속하게 늘어나 2011년 600여개, 2012년 1,200여개, 2015년 1,600여개를 넘어섰으며, 현재 테크시티는 시스코, 페이스북, 구글, 인텔, 맥킨지 등 세계적인 기업들이 투자를 했을 뿐만 아니라, 수많은 스타트업들이 벤처투자자로부터 투자를 받았으며, 2015년 1/4분기에만 6억8,200만 달러의 투자를 유치하였다. 주요 산업부문은 핀테크(FinTech), 전자상거래(E-commerce), 광고기술(AdTech), 미디어, 헬스(health), 피어-투-피어(peer-to-peer) 공유 플랫폼 서비스, 소프트웨어 개발 및 데이터 분석 등(Tech City UK, 2015)이다.

이스트런던 테크시티의 성공은 열성적인 스타트업, 정부의 적극적인 지원, 교육기관의 협력이 어우러져 가능하였다. 외국인 기술 인력이 쉽게 영국으로 들어올 수 있도록 비자 발급 기준을 완화했으며, 창업활동을 활발하게 펼칠 수 있도록 창업페스티벌도 개최, 또한 초기 기업들의 사업자금 확보 문제에 도움을 주기 위해 2012년 Seed Ente 하였으며, 정부는 산하기관으로 테크시티 투자청(Techcity Investment Organisation·TCIO)을 세워 벤처기업의 활동을 지원하는 등 다양한 지원정책을 추진하고 있다.

창업절차를 간소화(법인등기 절차 데이터베이스화로 온라인 처리 시스템 구축)하고, 기업 설립이 용이하도록 자본금 제한 철폐는 물론, 설립과 폐업에 대한 규정을 자유화하였다(스타트업 창업자의 자사 주식 매각 시 10% 고정 상한세율을 책정, 엔젤투자자 투자 시 금액 상관없이 최대 50%까지 감세혜택).

런던의 테크시티는 협력 근무 또는 코워킹(co-working) 공간과 아이디어 공유와 협력 네트워킹의 대표적인 모델이 되고 있다. 기업들이 WeWork, Central Working, Second Home 등의 다양한 종류의 코워킹 공간을 제공하면서 아이디어를 가진 개인 창업가들이 런던의 비싼 임대료에 큰 부담을 갖지 않고 유연적인 사무공간을 마련하는데 도움을 주고 있다.

(3) 잉글랜드 북부지역의 TechNorth 사업

이스트 런던 테크시티의 성공으로부터 고무받은 영국 정부는 영국 전역을 하나의 거대 디지털 산업의 '테크 클러스터(Tech Cluster)'로 육성시키기 위해 2014년 TechNorth 프로그램을 발표하고 2015년 정부예산(Budge 2015)에 반영하였다.

2014년 10월 영국정부는 잉글랜드 북부(the North)의 5개 도시를 묶어 하나의 첨단 산업 클러스터를 만드는 TechNorth 프로그램을 발표하였다(UK Government, 2014. 10. 23)[8]. 사업은 맨체스터, 리즈, 셰필드, 리버풀과 노스이스트(North East) 테크 클러스터(뉴캐슬, 선더랜드, 티스 밸리) 지역을 포함하고 있다.

Tech North 사업팀은 Tech City UK와 유사한 방식으로 자체사업을 발굴하여 집행하고 있다. The Digital Powerhouse를 통해 잉글랜드 북부의 디지털 테크 산업 현황을 분석하고 비전 및 발전전략을 제시하며 북부지역 테크 클러스터를 브랜딩하고 홍보하는 작업을 진행하며, Northern Stars를 통해 성장잠재력이 우수한 스타트업을 선정하여 전국적 혹은 세계적 수준의 기업으로 육성할 수 있도록 투자자를 연계하거나 네트워킹을 지원하는 사업을 하고 있다. 그리고 Founders' Network는 Upscale과 유사하게 스타트업 설립자를 교육하는 목적으로 6개월 워크숍 과정의 네트워킹 프로그램이다. 한편 창업기업과 지역의 우수한 테크 인력을 연결하기 위해 온라인 고용 플랫폼을 운영하고 있다. 이외에도 Tech North 사업팀은 디지털 테크 전문인력의 숙련기술 향상 및 고용 매칭을 위해 비정기적으로 다양한 사업을 추진하거나 후원하고 있으며, 지방정부 및

8) UK Government (2014.10.23). Press release: Deputy Prime Minister launches TechNorth. (https://www.gov.uk/government/news/deputy-prime-minister-launches-technorth)

유관단체들과 함께 잡페어를 운영하거나 후원함으로써 테크 분야 기술인력의 네트워킹 및 구인구직 매칭을 적극적으로 조성하고 있다.

2) 미국의 신산업입지 정책

(1) 스타트업 뉴욕(Start-up New York)

뉴욕은 블룸버그 시장 재임 시(12년여 동안) '기술창업생태계의 조성과 성장'을 목표로 '기술혁신활동'이 가장 활발한 Tech City로 변모하는 노력을 경주하고 있다. 블룸버그 시장은 경영목표를 '삶의 질 향상', '프로-비즈니스 환경' 구축에 두고, 뉴욕시를 '스타트업 허브'를 구축하기 위해 교통과 인프라(공공 인프라, 저비용 공공 주택, 상업 시설)의 확대개편과 교육혁신(특히 대학이 혁신의 핵심동력이자 성과창출의 주체)에 중점을 두었다.

뉴욕시의 스타트업 허브 전략은 스타트업을 '기업형'과 '가게형'으로 구분되며, 가게형 창업의 경우 NYC New Business Acceleration Team(NBAT)에서 전문적이고 체계적으로 지원 받을 수 있다.

한편 기업형 스타트업은 7개의 'NYC Business Solution Center'를 활용하여, '창업과 확장 그리고 번창이라는 '원스톱 서비스'를 받을 수 있다. 각 지점별로 설치되어 있는 NYC Business Solution Center는 지역내 '상공회의소(chamber of commerce)'가 운영의 주체이다. 뉴욕시는 행정적 지원만 담당하고 있다. 주로 제조기능을 가지거나 산업적 기반 시설을 필요로 하는 기업형 창업기업들이 활용 가능한 8개의 'Industrial Business Zone'을 설치하였다. Industrial Business Zone에서 창업할 경우, 10년간 법인세 면제, 공공요금을 35~45% 할인 적용해준다. 또한, 천재지변 발생 시 발생하는 손해는 뉴욕 주정부와 연방정부를 통해 보상받을 수 있다.

한편 스타트업 뉴욕(Start-up NY)은 신산업 육성 및 신기술 개발에 초점을 둔 사업으로서, 미국에서는 그 사례가 흔하지 않은 주 정부 단위의 산업입지 정책이다. 정책의 주요 골자는 주 정부가 뉴욕 내에 있는 대학교들과 연계하여 학교 주변에 면세혜택을 받는 산업단지를 조성하는 것이다. 산업단지에 입주가 가능한 기업들은 철저하게 첨단 산업에 종사하는 신생기업들인데 주로 첨단소재 제조업, 바이오테크, IT 및 전자기계, 광학 및 영상, 청정 에너지, 첨단 교통설비 등과 같은 산업들이 우대받고 있다. 현재 뉴욕주 내 코넬대학교, 콜롬비아 대학교, 뉴욕대학교 등을 포함한 81개 대학교 및 커뮤니티 칼리지 주변에 산업단지 조성계획이 수립되고 있으며 일부 학교의 경우에는 이미 계획이 완료된 경우도 있다.

(2) 브루클린 테크 트라이 앵글(Brooklyn Tech Triangle : BTT)[9)]

뉴욕의 혁신 프로젝트 추진이 가장 활발한 곳이 바로 '브루클린 테크 트라이앵글' 이며, 도심형 기술창업 클러스터의 대표적인 사례이다.

BTT는 2025년까지 추진되는 프로젝트로 비즈니스 공간의 확대, 일자리 창출, 경제적 효과 창출 등 3가지 목표를 가지고 5가지 전략과제가 추진되고 있다. 추진과제로 기술 기업을 위한 공간의 확대, 신 기술 생태계 조성, BTT 역내 교통 및 통신 인프라 조성, 기술기업을 위한 역동적 공간환경 조성, BTT 내 기업간 실제적인 상호 교류 촉진 등 이다.

BTT는 Dumbo, Downtown Brooklyn, Brooklyn Navy Yard 등 3개 지구로 구성되며, 각 지구별로 민간기구인 The Dumbo Business Improvement District(BID), Downtown Brooklyn Partnership(DBP), Brooklyn Navy Yard Development Corporation(BNYDC)이 각각 프로젝트의 책임을 맡고 뉴욕시는 이를 행정적으로 뒷받침 하는 사업구조로 진행되고 있다.

뉴욕시의 역할은 공공 인프라 개발, 역내 비즈니스 활동을 위한 규제 완화, 공공 구매 및 개발 계획의 공개를 통한 스타트업 기회의 제공(향후 5년 내 스타트업 우선 구매 및 개발계획 공개, 스타트업 이전 구매 가능여부 판단. 구매 가능성이 있을 경우 '우선 구매 리스트' 등록. 스타트업은 이를 근거로 필요자금 조달), 뉴욕 주 스타트업 촉진

9) <브루클린 테크 트라이앵글의 기대 경제효과> (자료 출처 : Brooklyn Tech Triangle 2015 Rport)

정책의 연결, 기술혁신 문화 조성 등을 담당한다.

(3) 뉴욕 루즈벨트 섬의 Applied Sciences Campus : ASC)

뉴욕시 내 루즈벨트 섬의 Applied Sciences Campus(ASC)는 학교를 대상으로 하는 산업입지정책이다. 기본적인 구상은 뉴욕시 루즈벨트 섬의 12에이커 부지를 99년간 임대하여 세계적 수준의 응용과학 및 공학 캠퍼스를 뉴욕시 내 건설하거나 확장할 수 있도록 지원한다는 것이다.

부지 조성 외에 ASC의 핵심사업 중 하나로 Runway Startups라는 프로그램이 있다. 이는 최근 박사학위를 수여받은 이들이 새로 조성된 캠퍼스에서 자신의 연구 성과를 신생 벤처기업으로 키울 수 있도록 돕는 프로그램이며, 이외에도 ACS 프로젝트 내에는 신생기업의 육성을 돕는 다양한 프로그램이 존재한다. 우선 Startup Ideas라는 프로그램은 ACS 캠퍼스 학생들을 대상으로 운영되는 교육 프로그램이며, 이와 더불어 ACS 내부의 제품개발 팀인 The Foundry는 학생들이 새로운 아이디어를 창출하는데 도움을 주는 다양한 혁신기술을 개발하고 있다. 또 Spinout Clinic이라는 프로그램은 ACS로 인해 육성된 창업자들이 학업환경에서 창업 커뮤니티로 전환하는 데 따른 어려움을 지원한다.

3) 프랑스의 신산업입지 정책

(1) 라 프렌치 테크(La French Tech) 정책

프랑스 정부는 2013년 '프렌치 텍(French Tech)' 계획을 발표하면서 프랑스 정부의 강력한 디지털 산업 육성에 대한 의지를 표명하였다.

라 프렌치 테크는 프랑스 정부가 주도하는 프랑스 스타트업 네트워크 프로젝트이다. 프랑스 테크놀로지 업계의 다양한 분야에서 활약하는 여러 이해관계자들이 활발하게 참여하고 있는 커뮤니티 프로그램이다. 엔지니어, 공공투자은행, 기업가, 디자이너 등이 참여한다. 이 프로그램은 투자자, 스타트업, 액셀러레이터, 인큐베이터, 대학 그리고 국간 내 이 분야의 성장을 주도하는 이해관계자들로 이루어져 있는 생태계를 구축하는 사업이다. 파리를 제외한 9개의 도시(보르도, 리옹, 뚤르즈, 릴, 몽펠리에, 낭뜨, 헨느, 엑상프로방스&마르세이, 그르노블)가 참여하고 있다.

라 프렌치 테크의 목적은 '하나의 스타트업 국가(Une startup nation)'를 만드는 것과, 프랑스와 미국을 잇는 차세대 IT 강국으로 만들고자하는 프랑스의 강력한 디지털 산업 육성에 대한 의지로 IT·하이테크 분야 창업자를 해외에서 적극적으로 유치하고 창업 지원 기관, 벤처캐피털에 예산을 지원하여 프랑스 산업과 창업 생태계를 세계화하겠다는 목표를 가지고 있다.

라 프렌치 테크는 신산업 활성화를 위하여, 새로운 비자 프로그램을 발표하였다. 이는 창업가와 종사하는 직원, 그리고 이에 투자하는 자들이 최대 4년까지 프랑스 거주와 근로를 허가하는 프로그램이다. 전 세계 스타트업을 프랑스로 유치하는 프로그램인 프렌치 테크 티켓 정책을 추진 중이다.

(2) 파리의 Station F

스테이션 F(Station F)는 프랑스 13구에 역사적인 건물(철도차량기지)을 개조해서 지어진 세계 최대 규모의 스타트업 인큐베이터이다. 스테이션 F는 파리 13구 센느강 근처에 3만4천㎡(약 1만285평) 규모이며, 여의도 공원의 15배에 이르는 크기로 1920년대에 프랑스 엔지니어 외젠 프레시네가 디자인한 역사적인 건물을 프랑스 건축가 장미셸 윌모트가 개조해 만들었다.

크기가 가로 310미터에 세로 58미터로, 3000개 이상의 스타트업 데스크, 8개의 이벤트 공간, 60개 이상의 미팅룸, 휴식 공간, 우체국, 은행, 팝업 스토어, 30개 이상의 개인 샤워실, 카페, 4개의 레스토랑, 100개실의 공동 아파트와 26개의 스타트업 프로그램을 갖추고 있다. 투자자들과 스타트업들을 위한 공간들이 생태계처럼 하나의 공간으로 이루어져 있다. 메이커스페이스(제품개발 작업공간), 이벤트 및 업무공간, 대형 레스토랑 및 코워킹 커피숍 등의 공간들이 스타트업 육성을 위하여 마련되어져 있다.

스테이션 F는 크게 업무를 위한 셰어존(zone Share), 네트워킹을 위한 크리에이트존(zone Create) 그리고 휴식과 식사를 위한 칠존(zone Chill) 등 크게 세 개 공간으로 나뉘며, 그리고 가까운 거리에 거주공간이 조성중에 있으며, 휴식과 식사를 위한 칠존은 일반인에게도 개방된다.

스테이션 F는 스타트업을 하고 싶은 희망자가 자신의 프로젝트를 토대로 글로벌한 기업으로 성장하는 데 도움이 될 수 있도록 다양한 공간과 서비스를 제공하고 있으며, 스테이션 F는 20개 이상의 스타트업 프로그램을 지원하고 있다.

스테이션 F에는 총 1,000개의 스타트업이 입주할 예정이며 9월 현재 600여개 기업이 입주하였다.

4. 국내외 기업의 대응동향

세계적인 대기업들은 전통적인 전문분야를 기반으로 하드웨어는 상위 응용영역까지, 소프트웨어는 IoT, 클라우드 등을 접목한 신규 비즈니스 영역으로 확장하는 추세이며, 이들 세계적인 대기업의 독적은 글로벌 시장지배력을 무기로 하여 더욱 강화될 것으로 예상된다.

1) 국내기업 사례[10)]

우리나라의 대표적 기업인 POSCO는 '17년까지 국내 제철소 대상 설비, 품질, 조업, 에너지, 안전관리 등의 분야에 스마트 공장 적용 프로젝트를 추진 중이다. 스마트 공장 구축을 위한 ICT 요소기술을 적용하고 있는데, 빅데이터를 활용한 제품불량 및 고장 사전예측, GPS·블루투스 및 센서를 활용한 작업자 안전관리, 공장 신설·증설 시 가상 현실을 통한 검증 등을 시행하고 있다.

10) 해외기업별 스마트 공장 사례는 "2017, 소아영, 4차산업혁명과 국내외 스마트 공장 산업동향, Weakly TIP. Vol. 57. 2017.2. 융합연구정책센터"의 내용을 재구성

LS 산전은 스마트 팩토리 시범사업(산업부)을 통해 PLC(Programmable Logic Controller : 각종 센서로부터 신호를 받아 산업용 로봇이나 설비가 작동하도록 하는 장치) 기반의 조립자동화 라인을 구축하고 수요예측 시스템(APS(Advanced Planning System): 주문부터 생산계획, 자재발주까지 자동 생산관리가 가능한 유연생산방식으로 공정 자동화에 중요역할 담당)이 적용된 유연생산시스템 운영 중이며, ICT와 자동화 기술 융합을 통해 다품종 대량 생산은 물론 맞춤형 소량다품종 생산도 가능한 시스템 변혁을 구현하고 있으며, 공장 자동화 시스템과 스마트 그리드 기술을 융합하여 에너지 최적화를 위한 통합·제어·관리시스템을 도입 하였다.

현대위아는 현대자동차그룹의 공작기계 제조회사로 지멘스와 협력하여 만든 스마트 팩토리 솔루션(HYUNDAI I-TROL)을 통해 제품 설계부터 3D시뮬레이션 결과물 확인이 가능한 스마트 팩토리사업을 시행하고 있다. '19년까지 5년간 500억 원을 대·중소기업협력재단에 출연하여 ICT 역량이 부족한 중소 협력사의 공장 스마트화를 적극적으로 추진하고 있다.

삼성전자는 경북창조경제혁신센터('15년 설립)와 함께 경북지역에 100개 스마트공장 구축을 시작으로 '17년까지 400개의 스마트공장을 육성할 계획이다.

2) 해외기업 사례

독일의 인더스트리 4.0의 대표적인 기업인 지멘스는 정보기술을 활용해 제조업을 혁신시키고 사물인터넷, 클라우드 컴퓨팅, 빅데이터 등 주요 IT 기술을 활용하고 있다. 지멘스는 인더스트리 4.0을 선도하는 데 있어 스마트공장의 역할이 큰 기업중의 하나이다. 스마트 공장의 주요 목표는 생산 자동화를 통해 생산성 및 품질을 최대로 높이는 것으로 사이버 물리 시스템으로 불리며, 사이버 물리 시스템(CPS)은 소프트웨어로 만들어진 사이버 세계와 로봇·제조 기계 등 물리적 세계의 통합 시스템으로 물리적 세계와 똑같은 가상의 사이버 세계를 만들고 이를 통해 물리적 세계를 자동·지능적으로 제어하는 시스템으로 이러한 시스템을 적용한 지멘스의 대표적인 스마트 공장으로는 독일 암베르크 공장과 중국 청도 공장이 있다.

지멘스의 축구장 1.5배 규모의 암베르크 공장엔 로봇들이 수십개의 컨베이어 벨트에서 '시스템 콘트롤러'라는 전자부품을 생산하고 있다. 암베르크 공장은 유럽 최고의 공장으로 평가 받고 있으며, 자동화 수준은 75%에 이르고, 1,000여개 종류의 제품을 연간 1,200만개 생산하고 있다.

설계나 주문을 변경해도 99.7%의 제품을 하루 내 출시하는 시스템을 구축하고 있다. 그리고 불량 수도 아주 낮은데, 100만 개당 약 11.5개에 불과하다. 암 베르크 공장은 최첨단 공장으로 수십개의 컨베이어 벨트가 쉬지 않고 돌아가고 있지만, 생산직 노동자들은 기계가 아닌 모니터 앞에서 근무하며, 하루에 5,000만 건의 데이터를 분석하고 연간 182억 건의 데이터를 처리하고 있다.

지멘스 스마트 공장의 자동화와 품질관리는 이와 같은 데이터 분석을 통해 가능하며, 수만개의 부품마다 일련번호가 부여되어 이상이 발생하면 어느 지점인지 즉각 확인하여 수정이 가능하여 최고의 품질 제품을 생산하고 있다.

한편, 중국 청도 공장은 독일 암베르크 공장을 복제하듯 설비와 프로세스가 완전히 동일하여 한쪽 공장에서 문제가 생기거나 오류가 발생하더라도 다른 공장에서 동일 업무처리가 가능하다. 지구 정 반대에 있는 두 개의 공장이지만 실시간으로 모든 정보를 공유하여 쌍둥이 공장('Twin Factory')이라고 불리며, 이것이 진정한 스마트 팩토리의 모델로 평가된다.

지멘스 공장은 세계 최고의 지능형 공장을 구현하여 거의 모든 산업분야의 제조 및 공정자동화 솔루션을 보유하고 있다. 그리고 자동화와 디지털화 영역에 있어서 핵심 역량을 집중하고 있다.

그림 3-1 | 독일 암베르크 지멘스 스마트 팩토리 위치

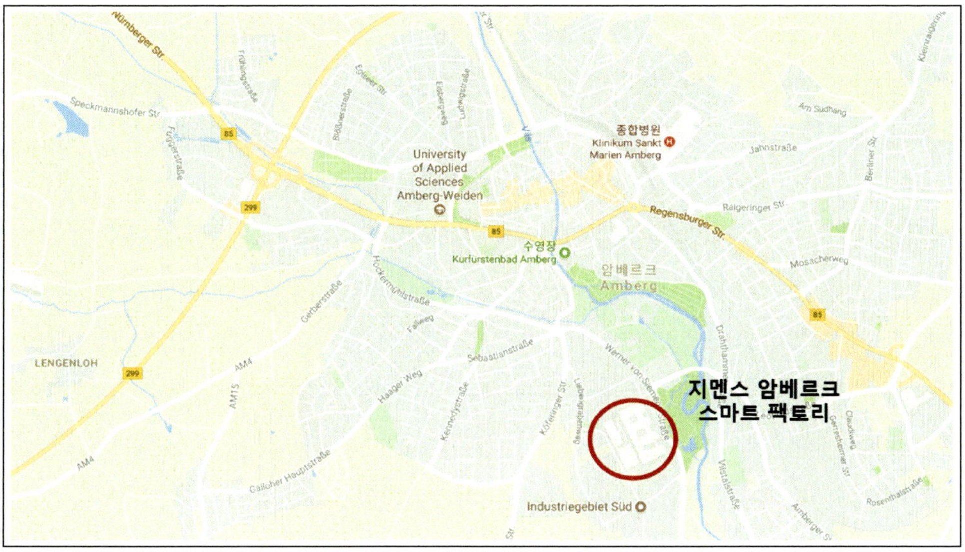

출처 : googlemap

로크웰 오토메이션(Rockwell Automation, Inc. NYSE:ROK)은 산업 자동화와 정보 솔루션을 제공하는 세계적인 기업으로 미국 위스콘신 주 밀워키에 본사를 두고 있으며, 22,500여명의 직원이 전세계 80여 개국에서 근무하고 있다.

로크웰은 'PLC(Programmable logic controller)'를 개발해 공장 자동화의 기초를 마련한 기업으로 PLC를 통해 이산제어·프로세서·모션·모터제어 등을 하나로 통합하여 실질적인 의미의 공장 자동화를 실현하였다. 이는 기계간 네크워크뿐 아니라, 생산되는 전 과정을 한 눈에 확인해 이력관리·자산관리까지 할 수 있는 소프트웨어도 개발하였다. 센서 장비, 제어 장비와 같은 하드웨어 인프라에서 네트워크 기술 및 응용프로그램과 같은 소프트웨어까지 산업 전 분야에 걸친 자동화와 정보 솔류션 제공하고 있다. 또한 커넥티드 엔터프라이즈란 정보기술과 제조운영기술의 융합으로 자동화 시스템, 생산성 향상 및 생산 공정 간소화 등을 구현하는 스마트 팩토리 종합 솔루션을 갖추고 있다.

지멘스가 IT를 통한 생산 시스템의 혁신이 목표라면 미국의 대표적인 제조업기업이면서 소프트웨어 기업을 지향하는 GE('Brilliant Factory')는 스스로 IT기업이 되는 것이 목표로, 2020년까지 소프트웨어 톱 10 기업이 될 것으로 선언하였다.

지멘스와 같은 제조기업과의 경쟁이 아니라, 아마존, MS, 구글, IBM과 같은 거대 인터넷 및 소프트웨어 기업들과 경쟁체제를 구축하는 것에 목표를 두고 혁신을 추진하고 있다.

GE의 대표적인 Brilliant Factory는 인도의 멀티모달 공장(Multi-Modal Factory)으로 주변에 IT기업을 비롯해 각종 제조 공장, 명문대학, 연구소들이 밀집한 지역에 입지하고 있으며, 이곳에서 GE는 제트엔진에서 기관차의 부품에 이르는 다양한 제품을 생산 및 가공할 예정이며, GE의 4가지 사업영역인 항공, 파워, 오일앤가스, 운송비즈니스에 필요한 제품들이 한 공장에서 생산되는 세계 최초의 복합공장을 목표로 하고 있다.

Brilliant Factory는 다양한 조립라인, 부품제조, 머시닝(기계가공) 등 제조기술의 다양한 모드(Mode)를 전부 사용하여 작업이 진행되며, 또한 제품 개발, 부품, 생산, 기계, 공정, 인력이 서로 연결되어 데이터를 수집·분석하여 생산에 반영하는 스스로 생각하는 공장이라고 불리우고 있다. 공장의 시설들은 컴퓨터와 산업인터넷을 통해 실시간으로 대화를 나눈다. 그리고 객체간의 정보를 공유함으로써, 품질유지와 급작스런 가동중지를 의사결정을 통해 예방할 수 있는 시스템으로 운영되고 있다.

공장의 생산 라인은 공급과 유통 그리고 서비스 등이 인터넷을 통해 연결되어 최적의 생산을 유지하는 것이 가능하다. GE는 멀티모달 공장으로 2022년까지 목표로, 인도의 국내 총생산 중 제조업의 비율을 25%까지 끌어올리고, 1억 개의 일자리를 만들어낼 수 있다고 예상하고 있다.

그림 3-2 | 인도 푸네 GE Brilliant Factory 위치

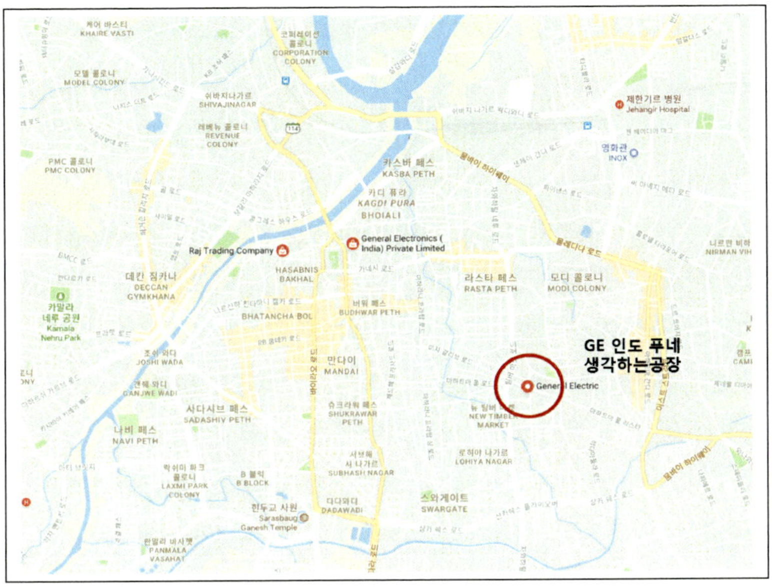

출처 : googlemap

독일의 아디다스는 2015년 12월 9일, 스포츠 브랜드 제조업의 패러다임을 뒤바꿀 아디다스 스피드팩토리(SpeedFactory)의 계획을 발표하였다. 로봇을 활용한 자동 생산 시스템을 갖춘 공장으로 보다 빠르고 고퀄리티의 제품을 소비자들에게 공급하는 것을 목표로 한다. 로봇 기술의 발달로 높아진 정확성과 고퀄리티 제품을 생산하는 계획은 2016년 전반기에 약 500족의 첫 번째 콘셉트 운동화를 생산하는 것을 목표로 하며, 이 시스템은 기존의 제품 생산 장소, 제조 방법, 시간 등의 경계를 모두 허물 수 있는 혁신적인 방법이다.

아디다스는 2015년 말, 전 세계 첫 번째가 될 아디다스 스피드팩토리(adidas Speed Factory)의 공장을 조성하였다. 위치는 독일 아디다스 그룹 본사 부근의 도시인 안스바흐(Ansbach)이다. 현재 아디다스는 중국, 베트남 등에 생산공장을 갖고 있으며 약 100만 명의 노동자들을 고용하고 있다. 그러나 비싼 운송비용과 노동자 인건비 상승 등은 기업이 이익을 내는데 좋은 상황이 아니였다. 빠르게 변화하는 트렌드 반영과

마켓의 피드백, 로봇 기술의 발달의 이유 등은 스피드팩토리 계획 추진을 가져왔다.

그리고 최근 아디다스는 미국 조지아주 애틀랜타 도시에 최첨단 설비를 갖춘 아디다스 스피드팩토리(Adidas SpeedFactory)의 가동을 곧 시작할 예정이다. 미국의 스피드팩토리에서는 2017년 하반기부터 미국 내에서 신발 생산이 가능해지며 연간 50,000족의 신발 생산을 목표로 한다.

아디다스 독일 본사 부근의 도시인 안스바흐(Ansbach)와 미국 애틀랜타에 위치할 스피드팩토리에서는 관리자 역할을 할 160명 정도만으로 공장 가동이 가능하며, 특히, 독일은 1993년 이후 독일 내에서의 생산이 거의 멈춘 상황이라 아주 오랜만의 자국 내 생산시설을 갖추는 것이어서 새로운 시도로 평가되고 있다.

한편 아이언맨의 실제 모델이었던 일론 머스크는 미국 네바다주 리노시 인근에 테슬라의 기가팩토리(Gigafactory)를 조성하여 2차 전지의 생산을 시작하였다. 기가팩토리는 세계 최대 규모의 2차 전지(리튬이온 배터리) 공장이자 공장의 역사를 바꿀 하나의 제품으로 정의되고 있다. 약 5조 6,800억원을 투자해 55만7,418㎡용지에 단일 공장으로 조성되어 2020년부터 완공되는 기가팩토리는 현재 14% 정도의 완성된 상태에서 공장 가동을 시작하였다.

기가팩토리는 배터리 재료부터 제조·조립까지 일관된 생산체제를 갖출 예정이며 로봇이 기계를 만드는 스마트 팩토리를 지향하며, 공장 자체가 하나의 컴퓨터 CPU처럼 알아서 움직이는 형태의 컴퓨터 두뇌처럼 계산과 연산을 처리할 계획이다.

그림 3-3 | 테슬라 기가팩토리 개요 및 전경

<테슬라 기가팩토리 개요>

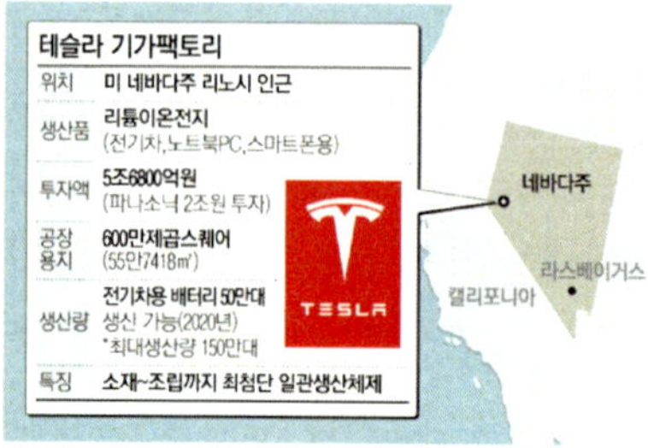

출처 : 매일경제

<테슬라 기가팩토리 전경>

출처 : google이미지

일본 미쓰비시 전기의 스마트팩토리 e-F@ctory는 "IT는 제조의 본질을 바꾸지 않는다."라는 모토로 제조업 활성화 계획을 추진하고 있다. IT는 제조를 지원하는 도구로써, 그 자체만으로 제조를 변경시킬 수 없으며, 단순한 연결로는 유용한 정보를 이끌어내지 못한다는 취지에서 IT 시스템이 가진 성능을 끌어내고 이를 활용하기 위해서는 필요한 정보를 취사선택하는 인간의 역할이 매우 중요함을 인식하고 있다.

따라서 미쓰비시의 전기 나고야 공장은 작업자 잘못에 의한 불량률 "0"을 목표로 삼아, 모든 시스템이 작업자의 실수를 줄이는 데 집중하고 있으며, 이를 위해 바코드를 읽으면 작업자가 사용해야 할 부품과 도구를 자동으로 제시할 수 있으며, 현장에서 수집한 데이터를 분석하여 불량이 작업자에 의한 것인지 제조 환경에 의한 것인지를 밝혀 개선에 반영하는 등의 시스템을 구축하고 있다.

일본 닛산은 글로벌 자동차 디자인을 향상시키기 위한 공학 가상 데스크탑 인프라(engineering virtual desktop infrastructure(VDI)) 설비를 구축하고 있다. 지멘스 NX computer-aided design과 Teamcenter PLM 소프트웨어, 그리고 Hewlett Packard Enterprise(HPE) 서버와 지원 소프트웨어를 이용하고 있다.

닛산 자동차는 기업의 글로벌 R&D센터를 하나로 연결해 지속적이고 신속하게 최신의 자동차 데이터를 연결하는 통합 데이터센터를 구축하고, 공학 데스크탑 인프라(VDI)라고 알려져 있는 이 프로젝트는 닛산이 글로벌 자동차 디자인을 더욱 유연하고 효율적으로 운영하기 위해 적용할 계획이다.

5. 스마트 팩토리의 특성 및 잠재력

1) 특성

스마트 팩토리는 생산성 돌파구 마련, 숙련 제조인력의 감소, 수요(시장)의 급격한 변화, 요소 기술들의 가격 인하, 각국 정부의 제조업 부흥 노력 등으로 여건은 성숙되고 있다.

스마트 팩토리는 다른 기기나 서비스의 스마트화와 마찬가지로 공장이 스스로 판단하고 이에 따라 작업을 수행할 수 있는 지능화된 공장을 의미(장재현 외. 2016)한다.

그러나 스마트 팩토리는 단순히 사람의 노동력만을 대체하고 있는 공장자동화와는 다르다. 다양한 장소에서 다양한 방법으로 수집된 정보를 바탕으로 공장 스스로가 공정의 최적화를 유지하고 생산 스케줄을 수립하는 등의 관련된 의사결정을 내릴 수 있다는 점은 기존의 공장자동화와 큰 차이를 보인다.

스마트 팩토리가 추구하는 지향점은 크게 2가지로 나눌 수 있다. 첫째, 맞춤형 대량생산을 지향하고 있다. 제품이 경쟁력을 갖기 위해서는 결국, 소비자가 원하는 제품을 제때 생산에 반영하여 빠르게 출시할 수 있는 능력을 갖추어야 한다는 것이다. 그리고 소품종 대량생산을 통한 생산성 강화가 아니라 고객 개개인의 니즈를 반영하여 제품을 맞춤화할 수 있는 맞춤형 대량생산(Mass Customization) 전략이 필요하다. 즉 고객 개개인의 주문 사항에 따라 즉각적으로 공정 라인이 바뀌며 제품을 생산할 수 있는 기반을 갖추어야 한다는 것이다. 이를 구현하기 위해서는 CPS(Cyber Physical Systems)라고 불리는 가상 물리 시스템과 생산라인의 모듈화가 필요하다.

둘째, 서비스화를 지향한다는 것이다. 제품 경쟁력 강화를 위한 또 다른 방법은 서비스와 연계하여 제품의 활용성을 높이는 것이다. 제조업의 서비스화는 이미 장비업체들을 중심으로 널리 퍼져있는 B2B 비즈니스 형태와 유사하며, 지멘스의 경우 전 세계 28만 개의 장비에 센서를 탑재하여 매일 5,000만 건 이상의 제조 현장의 데이터를 수집하고 이를 바탕으로 1/1,000초 단위로 작업을 분석하여 가동률과 불량률을 실시간으로 체크하는 시스템을 갖추고 있다. 또한 GE의 Brilliant Factory는 다양한 업종, 다양한 이용환경, 다양한 업체들로 확장하기 위한 플랫폼인 Predix를 출시하였다. Predix는 클라우드 기반의 데이터 분석 서비스시스템으로, 항공기 엔진이나 발전소 터빈 등에 수많은 센서를 부착하여 수집된 데이터를 활용하여 제품의 성능 향상과 항공기 연료 절감, 고장 예방 등의 솔루션 사업으로 사업 영역을 확장해 가고 있다.

한편 스마트 팩토리의 진화를 World Economic Forum(WEF)은 네 가지 단계로 설명하고 있다. 1단계는 자산의 운영 효율성을 높여주는 단계로 제품의 활용성을 높이

거나, 가동비용을 절감하는 등의 서비스를 제공하는 단계이며, 2단계는 서비스를 제품과 함께 판매하는 단계로 소프트웨어를 기반으로 하는 서비스를 판매하거나, 데이터를 수익화하는 단계이다. 3단계는 제품이나 서비스를 판매하는 수준을 넘어서 측정 가능한 구체적인 성과(Measurable Outcome)가 판매되는 단계로서 제품과 서비스를 파는 단계를 넘어 클라이언트가 원하는 성과를 판매(공유)하는 단계를 말한다. 4단계는 3단계에서 한층 진화하여 연속적으로 수요를 감지하여, 성과를 판매할 수 있는 서비스를 지속 제공하는 단계라고 할 수 있다.

2) 주요 국가의 스마트 팩토리 정책

독일 미국, 일본 등 제조업 강국은 제조업의 경쟁력 강화, 생산성 고도화를 위한 대안으로 스마트 팩토리를 구축하고 있다.

그러나 주력 제조업, 기술 및 사업상 강점, 기업간 관계 등 제조업 특성이 다르기 때문에 각 나라의 상황에 맞는 스마트 팩토리 전략을 추진하고 있다. 특히 추진 주체, 표준화 전략, 전략 방향, 인간에 대한 관점에서 세 나라의 스마트 팩토리 전략은 미묘한 차이를 보이고 있다.

독일 기업들은 컨베이어 벨트의 제거, 설비 및 공장 간의 연결, 가상과 현실의 결합, 인간과 기계의 협업을 통해 새로운 다품종 소량 생산 방식을 모색하고 있으며, 미국 기업들은 당장 확보 가능한 사업상 효율을 추구하고, 이에 기반해 새로운 사업모델을 만들어내는데 초점을 맞추고 있으며, 또한 플랫폼 선점과 적극적인 외부 연계로 역량 강화와 세력 확대를 추구하고 있다. 일본 기업들은 엣지 컴퓨팅이라는 차별적인 관점을 가지고 강점 있는 기계, 계측, 자동화 제품들의 스마트화를 통해 시장에서의 입지를 강화하고 있다.

표 3-4 | 독일·미국·일본의 스마트 팩토리 전략의 주요 차이점

구분	독일	미국	일본
추진 주체	• 정부 및 업계 협회 주도 • 산/학/연 연계 활발 • 중소/중견 기업들도 참여 활발	• 대기업 주도 (GE, Intel, Cisco) • 산/학/연 연계는 미비 • ICT 대기업들도 큰 관심	• 전기, 로봇, 전자/부품 대기업 사업화 • 일반 기업들도 자체 도입 추진
대표 협의체	• Platform Industrie 4.0 (부분 개방적, 제조업에 초점)	• IIC(Inudstrial Internet Consortium) (완전 개방적, 다양한 산업 포괄)	• IVI(Industry Value Chain Initiative) • RRI(Robot Revolution Initiative)
표준화 전략	• De Jure Standards • ISO, IEC 활용 국제표준화 노력	• De facto Standards • 시장경쟁 따른 국제 표준화 추구	• Loose Standards • Open-and-Close
전략적 시각	• 장기 관점, 국토 전역	• 단기 관점, 기계/공장 수준	• 중단기 관점, 기계/공장 수준
전략 방향	• 차세대 생산체제 구축 • 독일 산업생태계 생산성 제고 • '공장을 만드는 공장' 위상	• IoT 연장선 상에서 새로운 사업 모델, 수익흐름 창출 • Installed base의 전략적 활용	• 제3의 현실적 노선 탐색 • 기존 생산성 제고 방식의 한계돌파를 위한 보조 수단으로 활용
인간 관점	• 인간과 기계의 협업	• 인간 관점 미미 (Machine World)	• 인간 중심의 자동화

자료 : 나준호·최드림, 미국 독일 일본의 스마트 팩토리 전략, 2016. 12. 28. LG경제연구원. p9.

3) 한계점

스마트 팩토리의 필요성에 대해서 공감하고 있지만 수요 측면의 도입 장애 요인들도 만만치 않게 많아 시장의 조기 확산은 아직 어려운 실정이다. 특히 기업의 투자 사이클과 표준화 지연 및 투자 비용 하락의 문제, 고정비 증가에 따른 재무적 유연성 저하, 기존 장비 문제, 보안 및 내부 기밀 유출에 대한 불안감, 아웃소싱 같은 다른 제조 대안의 존재는 확산을 저해하는 요인으로 작용하고 있다.

6. 국가 및 기업별 대응동향의 시사점

1) 정부차원에서의 선제적 대응

글로벌 금융위기로 인한 경제적 위기와 새로운 기술이 가져오는 산업 구조의 지각 변동 등의 여건 변화 속에서 세계 제조업 강국들은 새로운 시장을 선점하기 위하여, 정부 차원에서 선제적으로 대응하기 위한 전략 등의 수립·추진이 필요하다.

미국은 제조업의 새로운 부흥을 위하여 연구개발을 위한 15개 제조업혁신센터를 민관협력 하에 설치하였고, 일본은 산업혁명 선도전략으로서 2016년도에 '신산업구조비전'을 제시하고 추진 중이며, 독일은 인더스트리 4.0을 포함한 하이테크전략 2020을 추진하고 있으며, 중국은 스마트 산업 핵심기술 경쟁력 향상에 초점을 두고 중국제조 2025 등을 추진하는 등 신산업 육성 정책을 적극적으로 추진하고 있어 우리나라도 신산업 육성을 위한 정부의 적극적인 시행이 필요한 실정이다.

2) 통합솔루션을 통한 글로벌 기업들의 시장 선도

전통적인 전문 분야를 바탕으로 수직적, 수평적 영역 확장 추세를 보이고 있는 지멘스, GE, 미쓰비시 등 글로벌 기업들은 전 영역을 아우르는 통합 솔루션을 통해 시장을 선도하고 있다. 특히 외국 주요 기업들은 고객 맞춤형·다품종 생산을 위한 스마트팩토리 부품·솔루션의 기술개발 및 공급에 주력하고 있다. 더욱 넓은 서비스 영역을 통해 공장의 생산 및 물류 전 영역에 대한 수요를 충족하고자 노력하고 있으며, 글로벌 선도 기업들의 독점 추세도 강화될 것으로 예상된다.

따라서 국내 기업들이 글로벌 기업으로 성장하여 시장을 선도·주도할 수 있도록 신기술 도입과 투자 여건을 만들어 줄 필요가 있다.

3) 기존 산업의 기업입지 형태 변화

지멘스, GE 등의 기업입지 사례는 제조업과 같은 기존 산업이 첨단기술과 융합되어 새로운 기업입지의 형태를 보여주는 대표적인 사례이다. GE의 인도 공장 사례는 제조업과 같은 산업이 더 이상 도시외곽이 아닌 도심으로 입지한 사례로 제품의 개발에서부터, 생산, 마케팅, 판매 등이 모두 한 공간에서 이루어 질 수 있기 때문에 우수한 인력이 많고, 도시기반시설이 잘 갖춰지고, 거대한 시장이 있는 대도시로 기업이 입지하는 것이 유리하다.

따라서 기업의 신규 투자를 확대하기 위해 도심지역에서의 입지공급을 확대할 필요가 있다.

4) 스마트 팩토리 확산을 통한 생산성 향상

아직은 일부 대기업을 중심으로 스마트 팩토리 사업을 통해 생산성 향상, 근로자 대체, 맞춤형 제품 생산 등의 효과를 거두고 있으나 기업들의 지속가능한 성장과 산업 생태계 구축(연구개발 - 생산– 서비스)을 위해서는 스마트 팩토리는 불가피한 선택이 되고 있다.

따라서 정부 차원에서 대기업뿐 만 아니라 중소기업들이 생산성을 향상할 수 있는 기반으로 스마트 팩토리 사업을 추진할 필요가 있다.

CHAPTER 4

4차 산업혁명 시대의 신산업 입지분석

CHAPTER 4

4차 산업혁명시대의 신산업 입지분석

본 장에서는 4차 산업혁명시대의 신산업입지 분석으로 기업체의 특성 분석, 신산업 기업체의 거래네트워크 분석, 신산업 기업체의 설문조사 결과 등을 제시하였다.

1. 신산업 기업체 분석

1) 자료 수집

4차 산업혁명시대 신산업의 기업체 특성 등을 분석하기 위해 ㈜한국기업데이터 CRETOP+ DB를 활용하였다. ㈜한국기업데이터는 국내 750만개 기업정보 DB를 보유하고 있는 기업신용조사·평가 전문기관이다.

표 4-1 | 한국기업데이터(주) 기업정보DB 변수목록

변수 유형	변수 목록
기본 정보	• 업체명, 법인번호, 사업자등록번호, 설립연도
주소지 정보	• 본사 주소, 주사업장 여부, 사업장 주소, 사업장 이전기록(법인등기부등본 추적), 입지유형, 대지/건물면적, 자가소유여부, 임차보증금규모, 월세금액규모
업종 정보	• 업종명, 업종코드(세세분류), 주요제품명
기술혁신지표	• 특허출원수, ISO 수, 연구실 보유여부, 실용신안건수, 지적재산권
최근 5년 실적	• 최근 5년 (매출액, 총자산, 무형자산, 유동자산, 유형자산, 자기자본, 순이익, 종업원수, 영업이익, 부가가치액, 경상연구개발비, 인건비)
거래처 정보	• 거래처 구분(판매처/구매처), 거래처별 주소, 사업자등록번호, 연간 거래액, 거래비중, 자산총계, 매출액, 순이익

자료 : ㈜한국기업데이터 CRETOP+ 2017년 6월 DB를 이용해 저자 작성

본 장의 분석에서 활용하는 CRETOP+ DB는 ㈜한국기업데이터에 기업신용평가를 의뢰한 사업체 정보에 전국신용보증재단 연합회와 기업정보협의회의 사업체 정보를 결합해 2017년 기준 약 552만 개의 사업체 정보를 포함하고 있는 국내 최대규모 기업 DB이다. 특히 우리나라 법인기업 1,569,474개(2017년 3월 28일 기준)의 전체 명단 및 사업체 정보를 포함하고 있다.

<표 4-1>은 본 연구에서 분석에 활용하는 CRETOP+ DB의 사업체 속성정보를 정리한 결과이다. 본 연구의 목적과 관련해 CRETOP+ DB가 갖고 있는 강점은 사업체 주소지 정보를 상세하게 제공한다는데 있다. 본사와 지사 전체의 주소지 정보를 건물 층수까지 구분해 제공하는 한편, 법인등기부등본 주소지 변경 내역을 제공하기 때문에 사업체의 입지패턴을 종합적으로 분석하는데 유리하다. 또한 업종 측면에서도 기존의 사업체조사 원시자료나 한국산업단지공단의 FEMIS 자료와 비교해 상세한 정보를 수집하고 있기 때문에 4차 산업혁명 관련업체를 식별하는 데 유리한 조건을 제공한다. 특히 CRETOP+ DB는 한국표준산업분류(KSIC)의 5-Digit 수준에서 업종 정보를 제공할 뿐 아니라, 각 기업체가 생산하는 주요 제품의 명칭과 사업 목적을 기업체 담당자의 자기기입을 통해 조사하고 있어 두 가지 범주의 정보를 교차한 분석을 가능하게 한다. 더불어 영업이익이나 고용규모, 특허출원수 등 다양한 종류의 실적 정보를 시점별로 수집하기 때문에 사업체 성장률에 대한 다면적 평가가 가능하다.

2) 4차 산업혁명시대의 신산업의 정의 및 선정

본 연구에서 정의하는 4차 산업혁명시대의 신산업 사업체란 인공지능이나 로보틱스 등 "4차 산업혁명 기반기술과 직접적으로 관련된 재화를 생산하는 사업체"를 의미한다. 여기서 "기반기술"이란 4차 산업혁명이라는 현상을 근본적으로 야기하는 동인(driving forces)으로서의 신기술을 의미한다. 예를 들어, 인공지능, 클라우드 컴퓨팅, 빅데이터 분석, 로보틱스 기술의 발달이 기존 제조업 생산기술에 접목되어 스마트공장과 무인자동차 업종이 탄생했다면 전자의 기술이 기반기술에 해당할 것이고 스마트공장과 무인자동차는 응용기술로 분류될 수 있을 것이다.

4차 산업혁명의 기반기술을 어디까지 포함시킬 것인지의 문제는 국내외 문헌마다 입장에 차이가 있다. 일본 경제산업성의 2016년 「신산업구조비전」은 4차 산업혁명의 기반기술을 사물인터넷, 로봇공학, 빅데이터, 인공지능으로 정의하고 있다. 또 산업연구원의 정은미 외(2017)에서는 4차 산업혁명의 산업구조 변화를 이끄는 범용기술(GPT; General Purpose Technology)로서 인공지능, 사물인터넷, 빅데이터, 클라우드, 모바일 기술을 제시하고 있다. 마지막으로 미래창조과학부 등 10개 관련부처가 합동으로 발표한 「제4차 산업혁명에 대응한 지능정보사회 중장기 종합대책」은 4차 산업혁명을 이끄는 기반기술을 지능정보기술이라 정의하고, 사물인터넷(IoT), 클라우드(Cloud), 빅데이터(Big Data), 모바일(Mobile) 등 ICBM 기술의 중요성을 강조한 바 있다(관계부처 합동, 2016. 12. 27.).

본 연구는 CRETOP+ DB 자료를 분석해 신산업 사업체를 정량적으로 분석했던 서동혁 외(2016)의 사례를 참조하였다. 서동혁 외(2016)는 4차 산업혁명 시대의 신성장산업으로서 12개의 핵심기술 분야를 정의한 뒤, 기업DB 자료를 통해 각 분야의 기업 실태를 분석하였다. 이들 분야에는 로봇, 드론, 3D프린터, 빅데이터, VR·AR, 스마트공장, 스마트자동차, 차세대식물재배, 의약, 에너지신산업, 신소재가 해당된다. 이 중에서 본 연구는 스마트공장 등 다양한 부문의 기술이 복합적으로 적용되는 응용과학 분야를 제외하였다. 이에 해당하는 스마트공장, 스마트자동차, 차세대식물재배는 4차 산업혁명이라는 기술변화를 견인하는 기반기술이 아니라, 기반기술을 바탕으로 기존 업종의 생산방식을 급진적으로 변화시킴으로써 파생되는 신산업이라 판단했기에 본 연구의 산업분류에서는 제외하였다. 더불어 본 연구는 의약이나 신소재산업 등 4차 산업혁명의 신생기술과 직접적으로 관련된다고 여기기 어려운 산업도 분석에서 제외하였다. 이에 해당하는 업종은 의약, 에너지신산업, 신소재산업이다. 이들 업종은 산업구조 전반에 중대한 변화를 야기할 잠재력을 가진 부문임은 분명하지만, 이미 2000년대 초반부터 진행되고 있는 기술변화이기 때문에 최근의 4차 산업혁명 정책 이슈와 관련을 짓기에는 부적절하다고 판단해 분류에서 제외하였다.

본 연구가 최종적으로 4차 산업혁명의 기반기술로서 선정한 기술분야는 사물인터넷, 로봇·드론, 3D프린팅, VR·AR, 인공지능·빅데이터의 다섯 개 부문이다. 이들 기술분야는 서로 융복합된 형태로 기존 제조업 및 서비스업 전반의 변화를 야기하는 4차 산업혁명시대의 새로운 범용기술이라고 할 수 있다. 다만, 4차 산업혁명시대의 산업입지에 영향을 미치는 산업이 신산업뿐 만 아니라 기존 산업의 변화도 고려해야 하나 본 연구의 한계 상 신산업만을 대상으로 조사분석하였음을 밝혀두는 바이다. 추후 연구를 통하여 신산업과 기존 산업을 아우르는 연구가 진행될 필요가 있다고 판단된다.

4차 산업혁명시대의 신산업 사업체 목록을 식별하는 작업은 다음의 단계로 진행되었다. 일차적으로 관련협회 회원명부 검토를 통해 수집하였다. 사물인터넷, 로봇·드론, VR·AR의 경우 관련 분야의 주요 사업체 대부분을 포함하는 협회조직이 잘 구축되어 있어 협회 소속업체 전수를 취득한 뒤, 대학 연구소 등 산업과 관련성이 낮은 기관을 제외시키는 방식으로 신산업 사업체 명부를 완성하였다. 3D프린팅의 경우 협회 소속사의 수가 적어 웹검색을 통해 50개의 사업체를 추가 수집하였으며, 인공지능·빅데이터는 한국소프트웨어산업협회 산하 조직인 인공지능산업협의회 및 빅데이터기업협의회 소속업체 52개사를 전부 포함시켰다.

표 4-2 | 4차 산업혁명시대의 신산업 선정 방법 및 사업체 수

신산업분야	식별 방법		사업체 수
	협회 명부에서 추출	기업DB 상품명 검색으로 추출	
사물인터넷	한국사물인터넷협회 회원사 153개	검색어 : 사물인터넷, 아이오티, IoT	160개
로봇·드론	한국로봇산업협회 회원사 125개	검색어 : 로봇	580개
VR/AR	한국VR산업협회 회원사 101개	검색어 : AR, 에이알, VR, 브이알	114개
3D프린팅	3D프린팅협회 회원사 19개 및 웹검색을 통한 자체수집 50개	검색어 : 3D프린팅, 3D 프린팅	88개
인공지능·빅데이터	한국소프트웨어산업협회 산하 인공지능산업협의회 및 빅데이터기업협의회 52개사	검색어 : 인공지능, 빅데이터, 클라우드, 소셜	208개
합계	500개	650개	1,150개

자료 : 저자 작성

협회명부를 통해 수집한 사업체 목록을 보충하기 위해 본 연구는 CRETOP+ DB의 주요 상품명을 키워드 검색함으로써 4차 산업혁명시대의 신산업 사업체 명부를 추가 확보하였다. 이 같은 작업을 통해 협회활동에 참여하지 하지 않는 사업체나 신생기업을 추가적으로 식별 할 수 있다. <표 4-2>에 기록된 바와 같이 각 신산업 분야의 핵심 기술과 관련된 키워드를 기업DB 주요상품명 항목을 검색해 650개의 사업체를 추가하였다. 예를 들어, 빅데이터라는 키워드로 검색된 강남 소재 특정 사업체는 KSIC 분류명이 "시스템 소프트웨어 개발 및 공급업"이었으나 주요 생산품 정보에는 "빅데이터 플랫폼 및 분석"이라는 항목이 포함되어 있었다. 이에 해당업체 홈페이지를 직접 방문해 빅데이터 소셜 분석 및 이미지인식 머신러닝에 특화된 사업체임을 확인한 후, 인공지능·빅데이터 선도업체 명부에 최종 포함시켰다.

협회 명부와 기업DB 검색을 통해 추출된 1,150개의 사업체를 연구진이 직접 검수해 적합성이 낮다고 판단되는 사업체 20개를 제외하였다. 추출된 사업체 중 ㈜한국기업데이터 신용평가 기준에서 대기업으로 분류되는 사업체는 25개였는데, 여기서 현대자동차, 삼성전자, 엘지유플러스 등 재벌기업 계열사 12개는 분석 목적에 적합하지 않다고 판단해 제외하였다. 또 한국과학기술연구원, 한국전자통신연구원, 전자부품연구원, 기계산업전략연구원 등의 연구기관 8개를 제외해 총 1,130개의 사업체 표본을 최종적인 분석용 표본으로 확정하였다.

3) 신산업 기업체의 기초통계분석 결과

(1) 업종별 분포 현황

4차 산업혁명시대의 신산업의 기반기술 분야별 분포를 비교하면 다음과 같다(<표 4-3>). 가장 많은 빈도가 기록되었던 신산업 사업체 분야는 로봇·드론이며 전체 신산업 사업체의 절반가량이 이에 해당된다. 한국로봇산업협회의 2015년 로봇실태 조사 결과에서는 전국의 로봇(드론 포함)산업 사업체 수를 2,200여개로 추산된 바 있다. 이 같은 결과와 비교하면 본 연구의 표집은 상대적으로 적은 규모의 사업체만을 로봇산업 사업체라 식별한 결과라 할 수 있다. 그러나 본 연구의 표본은 실제로 로봇과 드론을 생산하는 데 직접 관여하는 사업체만을 표집했다는 점을 고려할 필요가 있다.

가장 적은 빈도를 기록한 기술분야는 3D프린팅이었는데 이는 모집단 전수의 숫자 자체가 다른 기술분야에 비해 적은 데에서 기인한 결과라 판단된다. 한국산업기술평가관리원(2016)의 추산에 따르면 2016년 전국의 3D프린팅 관련업체는 78개이며 이 중에서 3D프린터 관련제품을 제조하는 사업체의 수는 48개로 나타났다.

표 4-3 | 4차 산업혁명 기반기술 분야별 사업체 분포현황

범주	항목	개수 (%)
기술분야	사물인터넷(IoT)	149개 (13.19%)
	로봇·드론	576개 (50.97%)
	가상현실(VR/AR)	111개 (9.82%)
	3D프린팅	86개 (7.61%)
	인공지능·빅데이터	208개 (18.41%)
합계	1,130개	

자료 : ㈜한국기업데이터 CRETOP+ 2017년 6월 DB를 이용해 저자 직접 계산

사업체 본사의 주소지 분포를 살펴보면, 전체 사업체의 68.8%에 해당하는 783개 사업체가 수도권에 본사가 있으며, 서울에 본사가 소재하는 사업체의 비중은 37.4%로 가장 높았다. 수도권 기업 중 서울이 54.0%를 차지하고 있으며, 경기도가 41.3%를 차지하고 있다. 비수도권 광역시·도 중에는 전체 신산업 사업체의 4.6%가 위치하는 대전광역시의 비중이 가장 높았으며, 이어서 대구광역시(4.4%)와 경상남도(4.4%)에 다수의 사업체가 분포하였다. 한편 서울 등 특·광역시에 602개인 53.3%가 분포하고 있으며, 수도권과 광역시에 분포하는 비중이 85.2%로 대부분의 기업들이 대도시지역에 입지하는 것으로 나타났다.

표 4-4 | 신산업 사업체 본사 주소지 분포현황

소재지	사업체 수	비중(%)
수도권	783	68.8
서울	423	37.4
경기	323	28.6
인천	37	3.3
비수도권	347	30.7
대전광역시	52	4.6
광주광역시	21	1.9
대구광역시	50	4.4
부산광역시	41	3.6
울산광역시	16	1.4
세종특별자치시	3	0.3
강원도	8	0.7
충청남도	29	2.6
충청북도	3	0.3
경상남도	50	4.4
경상북도	41	3.6
전라남도	10	0.9
전라북도	11	0.9
제주특별자치도	6	0.5
주소지 정보 없음	6	0.5
합계	1,130	100.0

자료 : ㈜한국기업데이터 CRETOP+ 2017년 6월 DB를 이용해 저자 직접 계산

신산업 사업체의 평균 설립연한은 약 9.6년이며 종업원 수는 약 134명으로 분석되었다. 기술분야별로는 사물인터넷 분야 사업체의 설립 연한이 약 15년으로 가장 길었으며, 인공지능·빅데이터 분야의 사업체들은 6.6년으로 가장 짧았다. 종업원 수에서도 사물인터넷 분야 사업체의 평균 고용인원이 약 145명으로 가장 많았으며, 로봇·드론이나 AR·VR 분야의 사업체들은 상대적으로 종사자 규모가 크지 않은 것으로 나타났다.

사업체별 평균 매출액과 총자산은 각각 114억과 115억 규모로 나타났다. ㈜한국기업데이터의 CRETOP+ DB를 활용해 12개 신성장산업 사업체 23,571개를 분석한 서동혁

외(2016)에서는 평균 매출액과 총자산 규모가 각각 102억과 110억 규모로 추정되었는데 이와 비교해 약간 높은 규모라 할 수 있다. 부문별로 살펴보면 사물인터넷 분야 사업체의 매출액과 총자산 규모가 가장 컸으며, 3D프린팅 분야가 가장 작은 것으로 나타났다.

4차 산업혁명시대의 신산업 사업체의 총자산 대비 무형자산 비중은 상당히 높은 수준이지만, 연구개발비(R&D) 지출규모나 비중은 전체 산업과 비교해 크게 높지 않았다. 지식인프라를 기반해 부가가치를 창출하는 4차 산업혁명시대의 신산업에서 무형자산의 비중이 높게 나타난 점은 자연스러운 결과라고 할 수 있다. 앞서 언급한 서동혁 외(2016)의 신성장산업 사업체 분석에서는 총자산 대비 무형자산 비중이 평균 4.8% 가량으로 추정된다. 한편 연구개발비 지출은 전체 매출액의 2.73% 수준으로 추정되었으며, 자체적인 연구실을 운영하고 있다고 응답한 사업체의 빈도는 전체 사업체의 1%에 미치지 못하는 것으로 나타났다.

표 4-5 | 신산업 사업체의 기초 특성

항목	3D프린팅	로봇·드론	인공지능 빅데이터	사물인터넷	AR·VR	전체
설립연한(년)	7.7	9.9	6.6	15.0	7.8	9.6
종업원 수(명)	60.4	37.7	66.0	145.0	43.0	66.1
매출액(백만원)	5,871	9,402	11,274	24,205	8,097	11,394
총자산(백만원)	7,403	9,390	10,985	24,448	8,838	11,543
총자산대비 무형자산(%)	12.3	10.5	19.1	10.9	25.5	13.8
연구개발비(천원)	133,964	318,655	170,309	731,953	105,945	310,895
매출액대비 연구개발비(%)	2.28	3.39	1.51	3.02	1.31	2.73

자료 : ㈜한국기업데이터 CRETOP+ 2017년 6월 DB를 이용해 저자 직접 계산

<표 4-6>은 신산업 사업체의 실적 및 성장과 관련된 지표들을 기술분야별로 비교한 결과이다. 4차 산업혁명시대 신산업 사업체의 연간 순이익과 영업이익은 각각 6억 원과 8억 원 정도이며, 부가가치액은 평균 35억 원 규모로 추정되었다. 매출액 대비 부가

가치액으로 계산한 사업체의 노동생산성은 연간 7,380만 원 규모로 나타났다.

2014년과 2015년의 지표를 비교해 추정한 사업체 성장률 지표에서 4차 산업혁명시대의 신산업 사업체들은 성장세가 두드러진 것으로 나타났다. 순이익과 영업이익 증가율은 각각 865%와 647%를 기록했으며, 부가가치액 증가율은 약 22%로 나타났다. 성장세가 가장 두드러졌던 분야는 로봇·드론 부문이었으며, 인공지능·빅데이터 분야의 사업체들은 영업이익이 전년도에 비해 오히려 감소하는 등 상대적으로 저조한 성장세를 나타냈다.

4차 산업혁명시대의 신산업 사업체들은 평균적으로 9건의 특허를 출원했으며, 실용신안 출원수는 평균 1.49건으로 나타났다. 특허 출원 건수는 사물인터넷 업종이 평균 27.48건으로 가장 많았으나, 지적자산의 집약도를 대표하는 지표인 종사자 100인당 특허출원수를 계산했을 때에는 로봇·드론 업종의 사업체들이 가장 높은 수치를 나타냈다.

표 4-6 | 기술분야별 신산업 사업체 실적 지표

항목	3D프린팅	로봇·드론	인공지능 빅데이터	사물인터넷	AR·VR	전체
순이익(천원)	768,015	345,243	790,989	1,663,522	78,947	623,179
영업이익(천원)	831,157	487,842	913,203	2,051,243	124,282	787,241
부가가치액(천원)	3,098,847	2,059,047	3,254,437	9,780,988	1,136,929	3,485,196
노동생산성(천원)	34,859	83,563	74,356	53,938	60,676	73,809
순이익 증가율	140.3%	1,436.7%	49.1%	404.6%	335.4%	864.6%
영업이익 증가율	223.4%	1,030.4%	-81.1%	554.2%	134.6%	646.8%
부가가치액 증가율	47.3%	20.5%	7.1%	37.6%	5.8%	21.9%
특허 출원수	1.3	9.5	1.7	27.5	2.0	9.1
종업원 100인당 특허 출원수	2.31	11.65	1.00	8.44	5.47	6.77
실용신안 출원수	0.2	2.5	0.1	1.4	0.1	1.5

주 : 노동생산성은 종사자 1인당 부가가치액으로 추정하였음
자료 : ㈜한국기업데이터 CRETOP+ 2017년 6월 DB를 이용해 저자 직접 계산

(2) 신산업 사업체 업종 분포현황

본 연구에서 수집한 1,130개 신산업 사업체의 업종분포를 기술분야별로 비교 분석한 결과가 <표 4-7>에 표현되어 있다. 기업체의 업종분류는 한국표준산업분류(KSIC) 세분류(3-Digit)를 기준으로 하되 세세분류(5-Digit) 비중을 함께 비교했으며, 업종마다 최소한 5개 이상의 사업체가 분포하는 업종만을 분석에 포함하였다.

먼저 3D프린팅의 경우 '기계장비 및 관련 물품 도매업'의 비중이 가장 높았다. 뒤를 이어 '소프트웨어 개발 및 공급업'이나 '컴퓨터 및 주변 장치 제조업'의 비중 역시 전체의 10% 이상을 차지하였다. KSIC 세세부업종(5-Digit) 수준에서는 총 43개의 세세부업종에 3D프린팅 분야 사업체들이 분포하고 있는데, '컴퓨터 및 주변장치, 소프트웨어 도매업' 업종에 13개 사업체가 포함되어 가장 높은 빈도를 기록하였다.

로봇·드론 기술분야에서는 사업체의 절반 가량이 '특수 목적용 기계 제조업'에 포함되었다. 이어서 '기계장비 및 관련 물품 도매업'이나 '측정, 시험, 항해, 제어 및 기타 정밀 기기 제조업' 등의 업종에도 다수 사업체가 분포하였다. 세세부업종(5-Digit) 수준에서는 '산업용 로봇 제조업'에 전체의 32.2% 가량인 187개의 사업체가 포함되었으며, 이어서 '기타 특수목적용 기계 제조업'에 28개 사업체, '산업처리공정 제어장비 제조업'에 26개 사업체가 각각 포함되어 있다.

인공지능·빅데이터 기술분야는 '소프트웨어 개발 및 공급업'에 절반 이상의 사업체가 포함되었으며, '통신 및 방송장비 제조업' 업종이 그 뒤를 따르고 있다. 세세부업종 수준에서 살펴보면 '시스템 소프트웨어 개발 및 공급업' 및 '응용소프트웨어 개발 및 공급업' 업종에 각각 60개씩의 사업체가 포함되었다.

사물인터넷 분야에서는 과반을 차지한 업종이 없었으며 '소프트웨어 개발 및 공급업', '통신 및 방송장비 제조업', '기계장비 및 관련 물품 도매업' 등 다양한 업종에 사업체가 분포하는 패턴을 보였다. '시스템 소프트웨어 개발 및 공급업' 업종과 '기타 무선 통신장비 제조업' 업종에 각각 26개와 18개 사업체가 포함되어 가장 높은 빈도를 보이고 있다.

AR·VR 분야의 사업체의 절반가량은 '소프트웨어 개발 및 공급업'에 분포했으며,

'영화, 비디오물, 방송 프로그램 제작 및 배급업'이나 '컴퓨터 프로그래밍, 시스템 통합 및 관리업' 업종이 뒤를 이었다. 세세부업종 수준에서도 '응용소프트웨어 개발 및 공급업' 업종에 24개 사업체와 '시스템 소프트웨어 개발 및 공급업' 업종에 19개 사업체가 분포하고 있다. 즉, AR·VR 분야의 경우 하드웨어 제조보다는 소프트웨어 개발 관련 사업체가 집중되어 있다고 해석할 수 있다.

표 4-7 | 신산업 사업체 기술분야별 세부업종 분포현황

기술분야	업종 (한국표준직업분류 3-Digit)	표본 수
3D프린팅	기계장비 및 관련 물품 도매업	18
	소프트웨어 개발 및 공급업	11
	컴퓨터 및 주변 장치 제조업	10
로봇·드론	특수 목적용 기계 제조업	251
	기계장비 및 관련 물품 도매업	49
	측정, 시험, 항해, 제어 및 기타 정밀 기기 제조업; 광학 기기 제외	43
	소프트웨어 개발 및 공급업	31
	일반 목적용 기계 제조업	30
	전동기, 발전기 및 전기 변환 · 공급 · 제어 장치 제조업	19
	기타 금속 가공제품 제조업	16
	전자 부품 제조업	15
	자연과학 및 공학 연구개발업	10
	인형, 장난감 및 오락용품 제조업	9
	생활용품 도매업	9
	통신 및 방송장비 제조업	7
	그 외 기타 제품 제조업	7
	의료용 기기 제조업	6
	전문 디자인업	6
인공지능·빅데이터	소프트웨어 개발 및 공급업	121
	컴퓨터 프로그래밍, 시스템 통합 및 관리업	26
	자료 처리, 호스팅, 포털 및 기타 인터넷 정보 매개 서비스업	9
	회사 본부 및 경영 컨설팅 서비스업	7
	기타 정보 서비스업	6
	광고업	6
사물인터넷	소프트웨어 개발 및 공급업	41
	통신 및 방송장비 제조업	27
	기계장비 및 관련 물품 도매업	16
	전기 통신업	10
	컴퓨터 프로그래밍, 시스템 통합 및 관리업	10
	전자 부품 제조업	7
	반도체 제조업	5
	전동기, 발전기 및 전기 변환 · 공급 · 제어 장치 제조업	5
	자연과학 및 공학 연구개발업	5
AR·VR	소프트웨어 개발 및 공급업	59
	영화, 비디오물, 방송 프로그램 제작 및 배급업	11
	컴퓨터 프로그래밍, 시스템 통합 및 관리업	6

자료 : ㈜한국기업데이터 CRETOP+ 2017년 6월 DB를 이용해 저자 직접 계산

주 : 업종은 한국표준산업분류 3-Digit 코드에 기준했으며 10개 이상의 사업체가 분포하는 업종만 포함시킴

(3) 신산업 사업체 입지 형태

4차 산업혁명시대의 신산업 사업체의 본사 기준 대지규모는 평균 3,994㎡, 건물규모는 2,405㎡로 나타났다. 대지규모는 로봇·드론분야 사업체가 평균 이상으로 컸으며, 건물규모는 기업 규모가 상대적으로 큰 사물인터넷 부문에서 가장 크게 나타났다. 반면에 인공지능·빅데이터 부문의 사업체들은 상대적으로 크지 않은 규모의 공간에서 사업체를 운영하고 있는 것으로 조사되었다.

신산업 전체 사업체의 절반을 넘는 61.1%의 사업체가 본사 공간을 임대하고 있다고 응답하였다. 특히 설립연한이 짧고 소규모 사업체가 다수를 차지하는 인공지능·빅데이터 부문에서는 임대비율이 80%를 상회하였다. 본사 공간을 임대하고 있다고 응답한 사업체만을 대상으로 임차보증금과 임대료 규모를 조사했을 때, 보증금 규모는 평균적으로 6,800만 원 수준으로 나타났으며 월납입 임대료 규모는 약 380만 원 규모로 나타났다.

표 4-8 | 신산업 사업체 입지관련 지표

항목	3D프린팅	로봇·드론	인공지능 빅데이터	사물인터넷	AR·VR	전체
대지규모(㎡)	968	6,204	419	1,680	667	3,994
건물규모(㎡)	1,465	2,521	1,028	3,602	925	2,405
임대여부	65.8%	54.9%	80.7%	57.7%	77.3%	61.1%
임차보증금(천원)	55,232	21,352	55,581	264,667	13,558	68,474
월세(천원)	3,020	853	4,029	14,788	897	3,779

자료 : ㈜한국기업데이터 CRETOP+ 2017년 6월 DB를 이용해 저자 직접 계산
주 : 신산업 부문별 기업들의 평균치를 지표별로 기록함

4) 신산업 사업체 입지패턴 분석

(1) 사업체 활동의 공간적 분포 현황

<그림 4-1>은 CRETOP+ DB의 1,150개 4차 산업혁명시대의 신산업 사업체 본사 소재지 정보를 지오코딩해 좌표 값 분포를 도면 위에 표현한 결과이다. 앞서 <표 4-4>에서

제시되었던 바와 같이 대다수 사업체가 수도권에 집중되어 있는데, 특히 서울에는 다섯 개 기술 분야 모두가 강하게 집적하는 것으로 나타났다. 비수도권 지역에서는 대전, 부산, 울산, 대구, 광주 등 대도시권역을 중심으로 사업체가 집적한 것으로 나타났다.

그림 4-1 | 신산업 사업체의 입지분포 현황

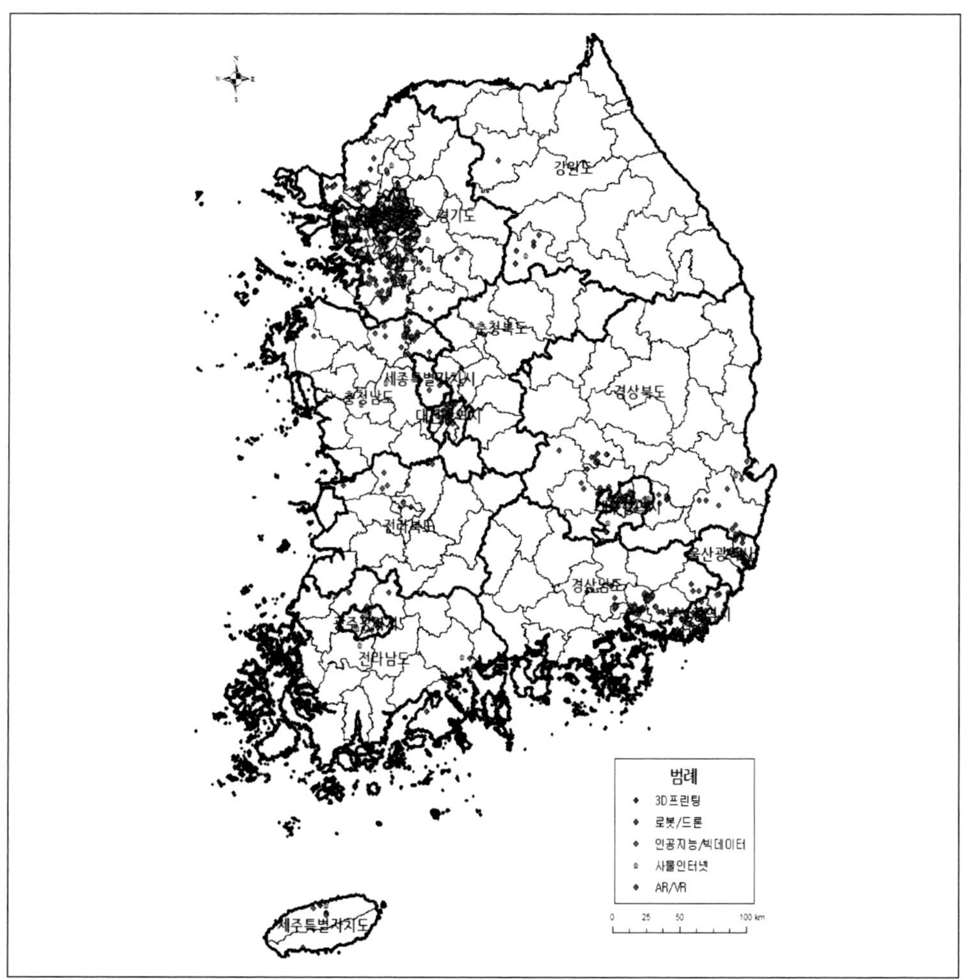

주 : 적색은 3D프린터, 보라색은 로봇·드론, 청색은 빅데이터·인공지능, 녹색은 사물인터넷, 핑크색은 VR/AR 분야의 사업체 입지를 의미함

자료 : ㈜한국기업데이터 CRETOP+ 2017년 6월 DB를 이용해 저자 작성

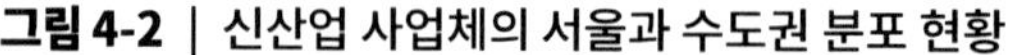

그림 4-2 | 신산업 사업체의 서울과 수도권 분포 현황

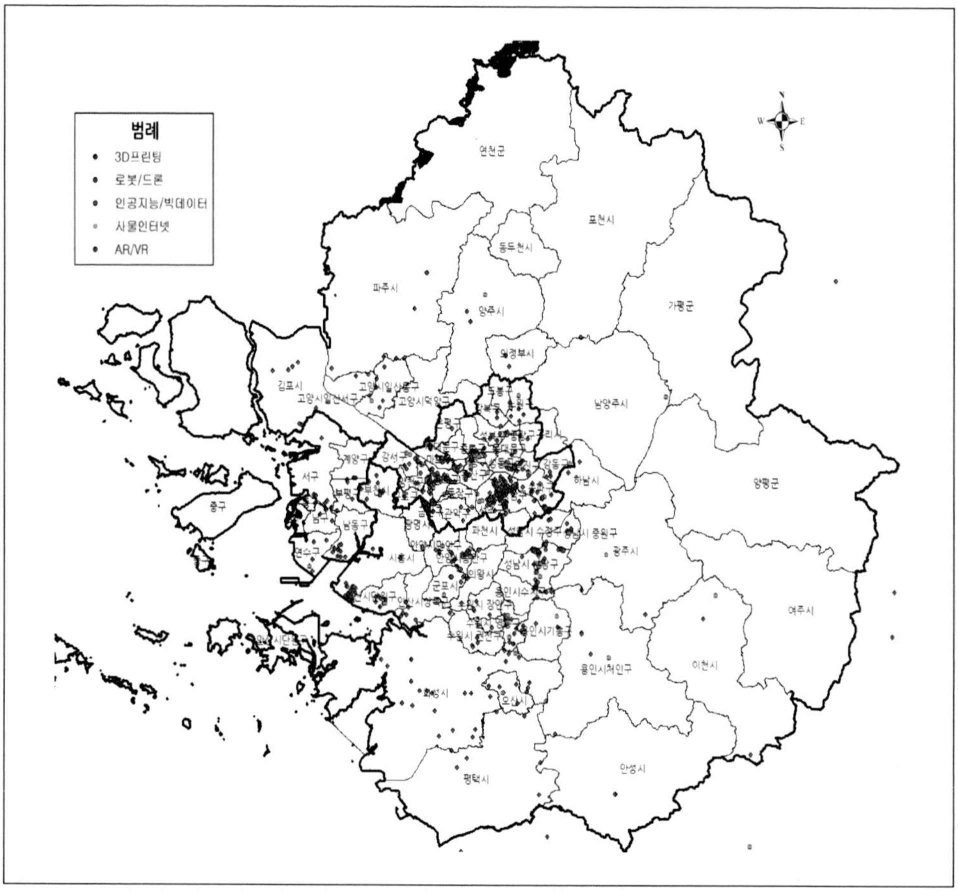

주 : 적색은 3D프린터, 보라색은 로봇·드론, 청색은 빅데이터·인공지능, 녹색은 사물인터넷, 핑크색은 VR/AR 분야의 사업체 입지를 의미함

자료 : ㈜한국기업데이터 CRETOP+ 2017년 6월 DB를 이용해 저자 작성

<그림 4-2>는 신산업 사업체의 분포를 서울 및 수도권 남부 지역에 집중해 표현한 결과이다. 서울 시내에서 신산업 사업체가 가장 많이 집적하는 지역은 지하철 2호선 삼성역에서 강남역, 역삼역을 연결하는 테헤란로 일대로 나타났다. 이 지역은 90년대 중반부터 IT기업 벤처 붐이 일었던 지역인데 최근에는 1세대 벤처 기업가들이 복귀해 후배 창업가를 지원하는 엑셀러레이터로서 역할을 하면서 창업 생태계가 새롭게 부흥

하고 있는 지역이다. 벤처캐피탈 협회에 등록되어 있는 엑셀러레이터 100여개 기관 중 절반 이상이 테헤란로에 입지해있을 뿐 아니라, 중소기업청의 'TIPS 창업타운', 네이버의 'D2 스타트업 팩토리', 구글의 '구글캠퍼스 서울', 아산나눔재단의 '마루180', 은행권 창업지원재단의 '디캠프' 등 다양한 창업지원 네트워크가 집적해 있다.

테헤란로 다음으로 서울 시내에서 사업체 집적경향이 나타나는 지역은 가산디지털단지를 중심으로 한 구로디지털단지 주변 지역이다. 가산디지털단지는 임대료와 보증금이 낮고 지식산업센터에 입주할 경우 취득세 및 재산세 감면 혜택을 받을 수 있어 강남 일대의 높은 지가가 부담스러운 사업체들의 입지하고 있다. 실제로 이 지역에 입지하고 있는 기업 DB 사업체의 대다수가 지식산업센터에 소규모 공간을 임대하고 있는 것으로 나타났다.

경기도 남부 지역 중에는 성남시 판교테크노밸리 지역을 중심으로 다수 사업체가 입지해있는 패턴이 관찰(<그림 4-2>)되었다. 다섯 개 기술분야 사업체 모두가 높은 빈도로 입지하고 있으나, 특히 인공지능·빅데이터와 사물인터넷 분야의 집적이 두드러진 것으로 나타났다. 판교테크노밸리는 네오위즈, 카카오게임즈, 넥슨코리아, NHN엔터테인먼트, 엔씨소프트, 네이버, 한글과컴퓨터 등 국내 굴지의 정보통신 기업들이 집적해있는 지역이다. 2016년에는 경기도와 미래창조과학부가 공동으로 판교 스타트업캠퍼스를 건립해 사물인터넷, 클라우드, 빅데이터, 모바일 분야의 기술창업을 지원하는 등 다양한 제도적 인프라가 구비되어 있다.

<그림 4-3>은 사업체 본사 주소지의 공간분포를 기술분야별로 표현한 결과이다. 앞서 언급한 강남테헤란밸리, 판교테크노밸리, 구로디지털단지 일대에는 다섯 개 기술분야 사업체 모두가 높은 수준의 집적 경향을 나타내고 있어 4차 산업혁명시대의 기반기술의 중심지로 기능하고 있음이 확인되었다. 비수도권 지역에서는 신산업 사업체가 집적한 클러스터를 관찰하기 어렵다. 다만, 예외적으로 로봇·드론 분야에서는 부산이나 울산 등 지방 대도시권역에 다수 사업체가 입지해있는 것으로 나타났다. 로봇·드론 업종을 제외하면, 비수도권에서 신산업 사업체의 유의미한 집적을 관찰할 수 있는 도시는 대전광역시뿐이었다. KAIST 등의 연구기관이 입지해 있는 대전시 유성구로부터 대덕테크노밸리를 연결하는 일대에 다수 사업체가 집적해 있는 것으로 나타났다.

그림 4-3 | 기술분야별 사업체 본사 공간분포도

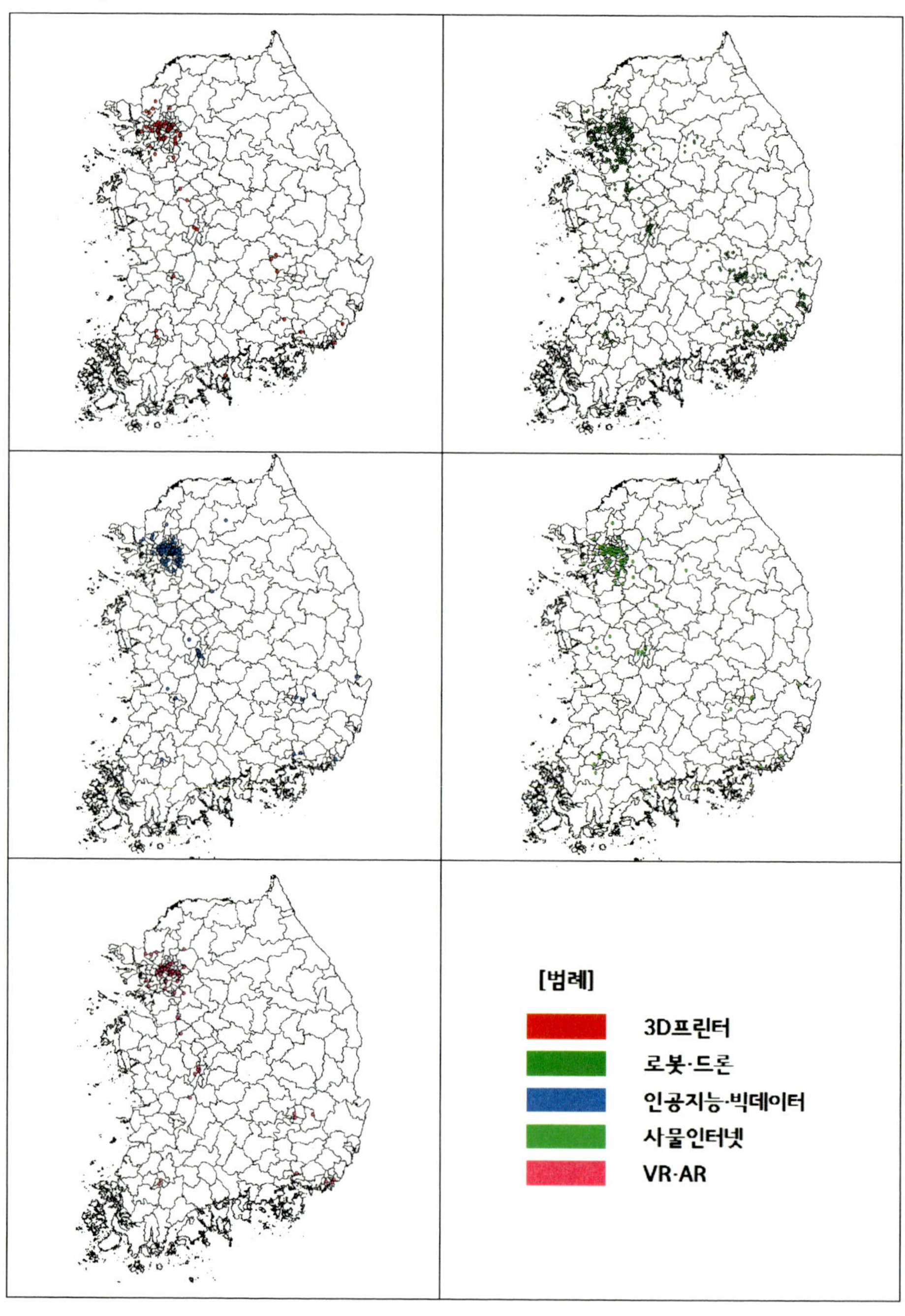

(2) 신산업 기술분야별 사업체 집적지 입지패턴 분석

앞에서 확인된 사업체 군집경향을 통계적으로 해석하기 위해 Local Moran's I 검정을 실시하였다. 공간계량경제학의 기초적인 분석기법인 Local Moran's I 검정은 연구자가 관찰하는 현상의 분포가 공간적인 자기상관성(spatial autocorrelation)을 갖고 있는지 검정한다(Anselin, 1995). 여기서 공간적 자기상관성이 높다는 것은 비슷한 수준의 값을 가진 지역끼리 지리적으로 인접해 군집을 형성하는 패턴을 의미한다. Local Moran's I 검정은 전체 지역을 HH(High-High), HL(High-Low), LH(Low-High), LL(Low-Low)의 네 개 범주로 구분해 시각화하는데, 본 연구에서 HH로 구분되는 지역은 4차 산업혁명시대 신산업 사업체가 다수 입지한 지역들이 서로 인접해 있어 공간적인 군집(cluster)을 형성한 경우라 해석할 수 있다. 반면, HL 범주에 속하는 지역은 해당 지역에 사업체 입지빈도가 국지적으로 높으나 주변 지역까지 군집화되어 있지는 못한 경우를 의미한다. 한편, LH 범주는 해당 지역에는 입지빈도가 낮으나 주변에 입지빈도가 높은 지역이 존재하는 경우이며, LL 범주는 해당 지역과 주변 지역 모두에 입지 빈도가 낮은 경우를 의미한다. 본 연구는 4차 산업혁명시대의 신산업 사업체의 공간적 군집을 분석한다는 목적을 고려해 HH 범주에 해당하는 지역을 구분하는데 초점을 두고 분석하였다. Local Moran's I 분석을 위해서 사업체 주소지 속성값을 읍면동 단위에서 결합(spatial join)하였다.

그림 4-4 | 전체 사업체 주소지 분포의 Local Moran's I 검정 결과

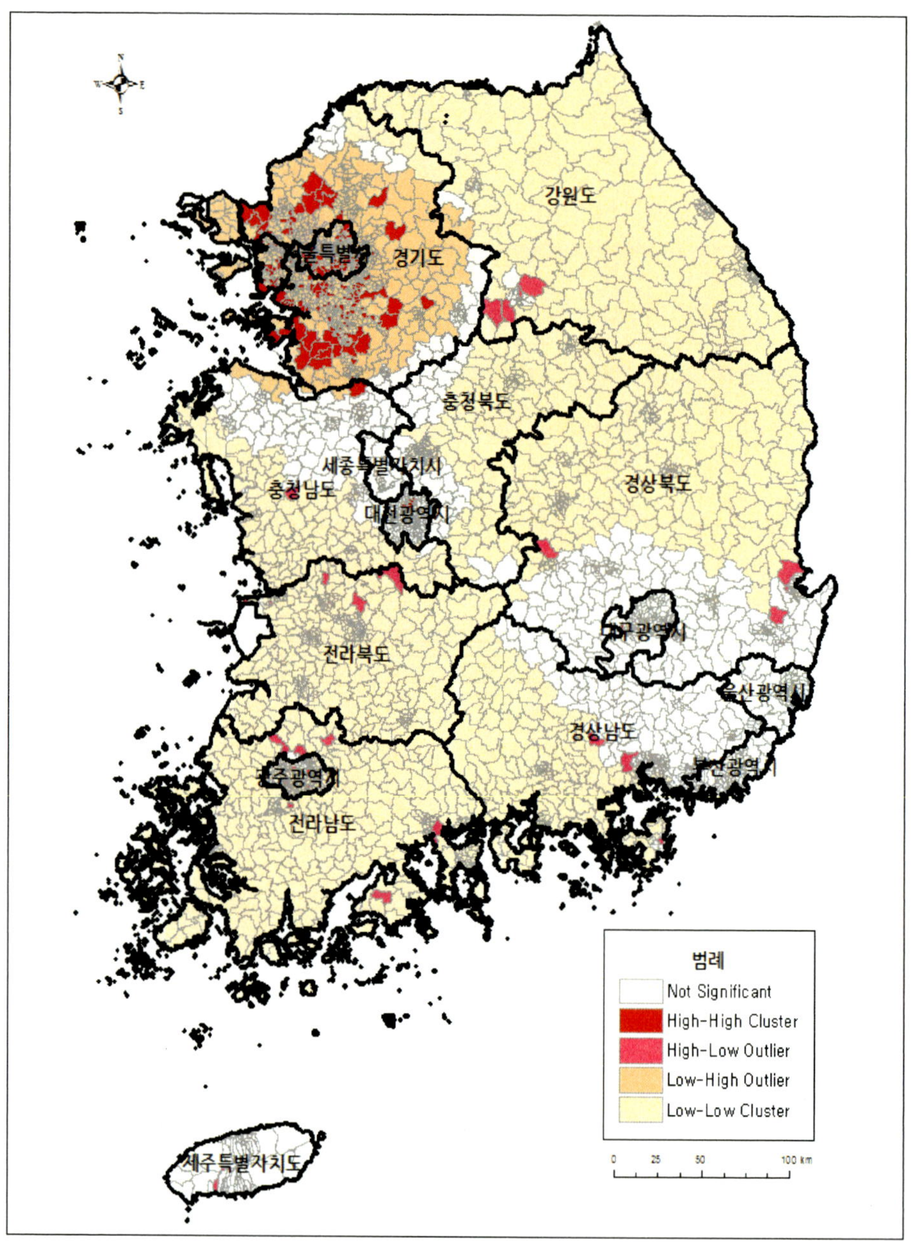

자료 : ㈜한국기업데이터 CRETOP+ 2017년 6월 DB를 이용해 저자 작성

<그림 4-4>는 1,130개 전체 사업체를 대상으로 Local Moran's I 지수를 추정한 결과를 도면에 시각화한 결과이며, <그림 4-5>는 수도권 지역의 추정 결과를 확대해 표현한 것이다. 먼저 서울 시내에서는 강남테헤란벨리로부터 가산디지털단지를 거쳐 상암DMC까지 이어지는 신산업 사업체 군집(HH)이 형성되어 있음을 알 수 있다. 더불어 수도권 다수 지역에서 공간적 군집이 관찰되었는데 가장 많은 사업체가 군집한 성남시 일대를 필두로 김포, 파주-양주, 화성 등지에서 사업체의 군집 경향이 관찰되었다. 수도권 남부 지역의 군집을 구성하는 사업체 중에는 로봇·드론 분야가 가장 우세했으며, 사물인터넷 분야의 사업체 군집도 존재하는 것으로 나타났다.

<그림 4-4>에서 HL(High-Low)로 표현된 지역은 주변 지역에 신산업 입지가 이뤄지지 못한 가운데 홀로 군집을 형성한 이상치(Outlier)로 해석할 수 있다. HL로 식별된 지역 중에 신산업 사업체가 의미 있게 군집한 지역에는 원주혁신도시, 전주과학산업연구단지, 군장산단, 완주테크노밸리, 창원시 마산회원구, 함안군 법수·황사농공단지 등이 식별되었다. 즉, 광역시를 벗어난 지방에서의 신산업 입지는 대체로 혁신도시나 산업단지같은 국가지정 산업공간을 중심으로 형성되고 있음을 알 수 있다. 그러나 신산업 군집의 수와 정도는 수도권과 비교해 현저히 적은 수준이다.

비수도권 지역에서는 광역적으로 발달된 사업체 군집이 거의 발견되지 않았으나, 소수의 사업체가 집적한 외딴 군집(HL)이 지방 대도시권 주변에서 발견되고 있다. 비수도권 지역에서 HH 군집으로 식별된 유일한 경우는 앞서 언급된 대전시 유성구-대덕테크노밸리 일대이다. 또한 강원도 원주시의 태장동-소초면, 문막읍-흥업면 일대에도 규모는 작지만 로봇·드론 분야의 사업체가 집적하고 있는 것으로 나타났다. 그러나 인접 지역으로의 발달은 연계되지 않아 HL 유형의 군집으로 분류되었다.

그림 4-5 | 수도권 사업체 분포의 Local Moran's I 검정 결과

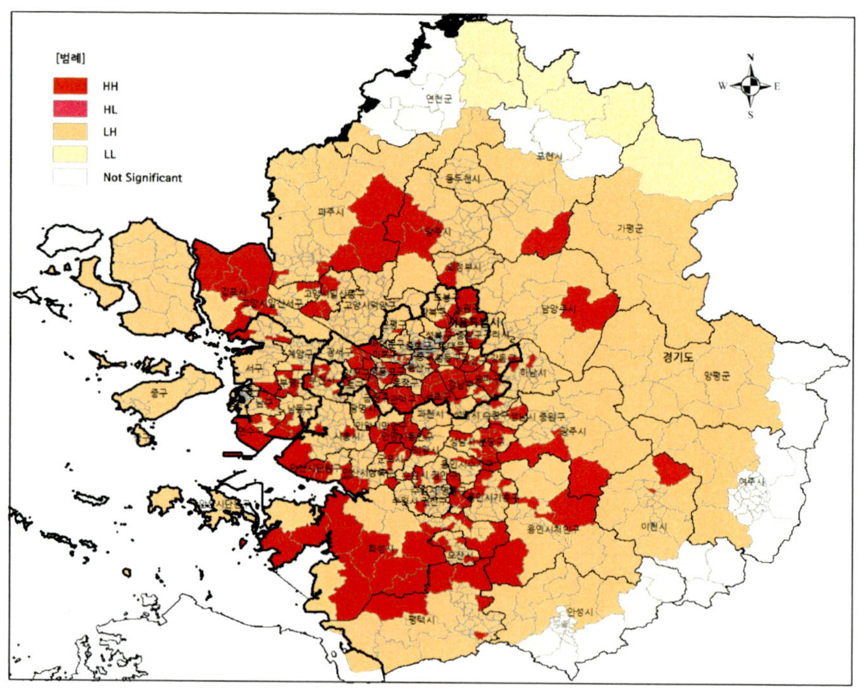

<그림 4-6>은 5개 기술분야별로 Local Moran's I 검정을 수행한 결과이다. 앞의 분석결과와 교차해서 살펴보면, 먼저 수도권 북부(파주–양주)와 화성 등지에서 관찰되었던 사업체 군집은 3D프린터 분야와 로봇·드론 분야의 사업체 군집으로 나타났다. 로봇·드론 분야의 사업체들은 대구광역시–칠곡군 일대와 부산–울산 일대에서도 통계적으로 의미있는 규모의 군집이 확인되었으며, 인공지능·빅데이터 분야의 사업체들은 강남·판교·가산디지털단지의 3대 축을 중심으로 공간적으로 강하게 집적해있는 경향이 확인되었다. 사물인터넷 분야의 사업체 역시 강남·판교·가산에 대부분의 사업체가 집적해있는 경향은 여타 신산업과 유사했다. 그러나 시화산단과 인천남동국가산단 일대 등 수도권 남부 외곽지역으로도 다수 사업체가 확산되어 있는 경향 역시 관찰되었다. VR·AR 분야 사업체에서도 강남·판교·가산 일대의 군집이 우세한 가운데, 여의도와 상암DMC 일대로의 군집이 함께 발달해있으며, 시화산단과 인천남동국가산단 일대에도 일부 사업체가 입지해 있음을 확인 할 수 있다.

그림 4-6 | 기술분야별 사업체 입지 분포의 Local Moran's I 검정 결과

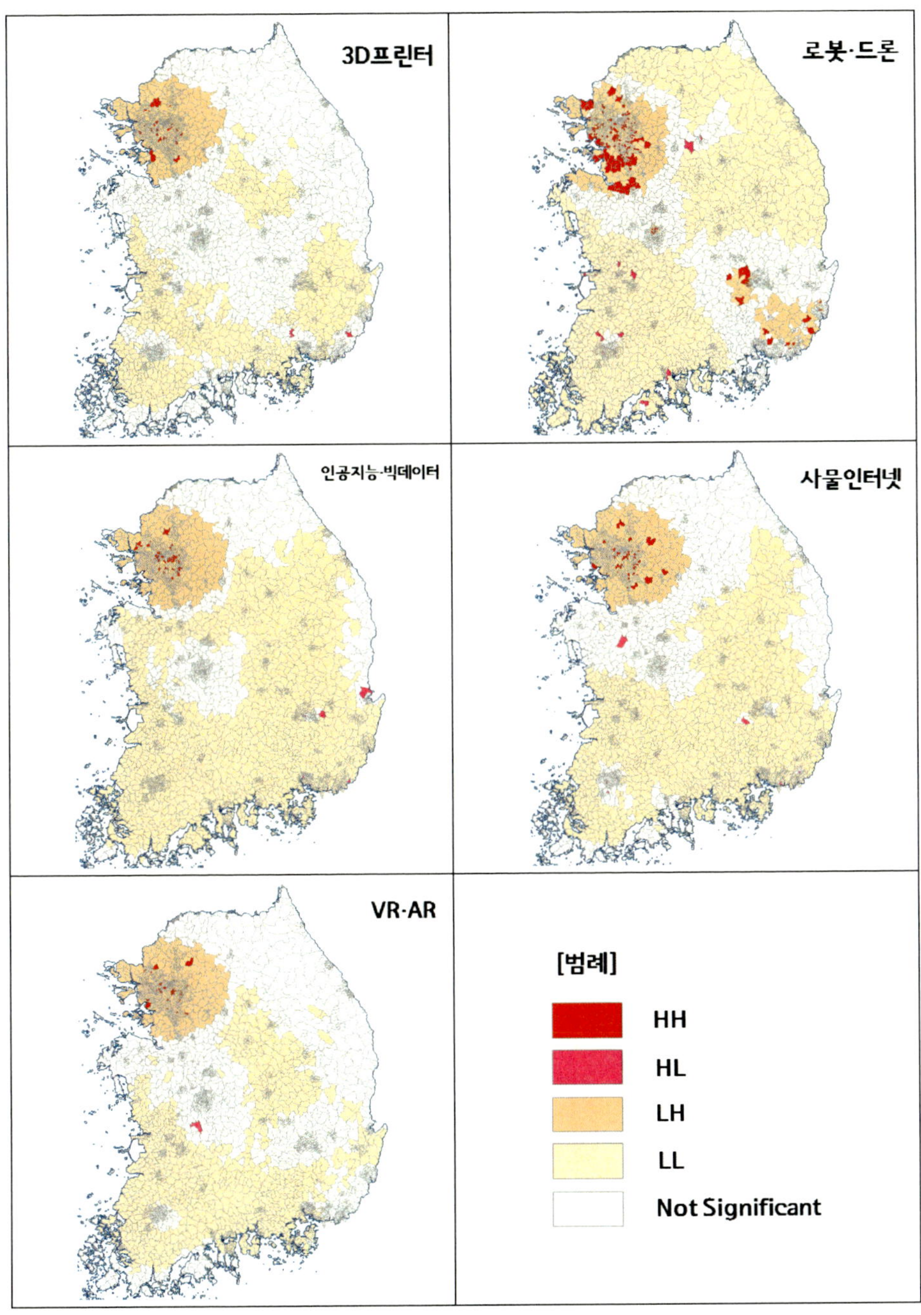

(3) 집적지별 사업체 특성 및 입지요인 분석

앞 소절까지의 분석을 통해 4차 산업혁명시대 신산업 사업체가 군집해있는 대표적인 클러스터는 강남테헤란밸리, 판교테크노밸리, 가산-구로디지털단지, 대덕테크노밸리 일대임이 확인되었다. 이들 지역은 다양한 업종의 신산업 사업체가 집적해있는 창업과 혁신의 중심지 구실을 수행하고 있다. 그러나 각 클러스터가 신산업 사업체의 성장단계에서 담당하는 역할에는 차이가 있으리라 판단된다. 예컨대, 강남은 아이디어와 금융·네트워크 자원이 풍부하고 소규모 임대공간과 엑셀러레이터 조직이 구비되어 있다는 점에서 창업지 구실을 할 수 있으나 사업을 확대해야 하는 시점에서는 높은 지가가 부담될 수 있다. 따라서 초기에는 강남에 입지했더라도 사업 성장단계에 따라 제도적 지원이나 낮은 임대료를 찾아 판교나 가산디지털단지 등으로 이전을 계획하는 사례가 발생할 수 있다.

신산업 사업체 집적지의 특징을 구체적으로 탐색하기 위해 본 연구는 앞서 언급한 집적지에 입지한 사업체들의 특징 및 입지요인을 비교 분석하였다. 강남, 판교, 가산-구로, 대덕 집적지에 대한 사업체 소속 여부는 <그림 4-4>에 제시된 Local Moran's I 검정 결과에서 HH 유형으로 식별된 읍면동 소재 여부로 결정하였다. 이 같은 기준을 적용한 결과, 강남테헤란밸리 일대에 위치한 사업체는 총 102개이며, 판교 일대는 44개, 가산·구로디지털단지 일대는 95개, 대덕·유성 일대는 43개로 나타났다.

표 4-9 | 집적지별 기업체 특성 비교

항목	강남	판교	가산·구로	대덕·유성	전체
매출액 (백만원)	52,918	59,843	20,563	6,903	35,125
부가가치액(천원)	5,932,910	9,628,390	2,364,784	1,438,944	4,394,035
노동생산성 (천원)	78,245	57,536	65,214	78,634	70,483
부가가치액 증가율	21.1%	3.1%	42.9%	26.4%	27.5%
연구개발비 (천원)	193,682	476,759	400,579	256,211	316,215
매출액대비 연구개발비	32.2%	4.7%	7.9%	76.3%	26.9%
총자산 대비 무형자산	19.2%	20.6%	18.5%	21.8%	19.6%
대지규모 (㎡)	336	606	298	2,436	774
건물규모 (㎡)	1,287	2,477	1,267	1,166	1,457
임대여부	92.0%	65.0%	42.0%	53.0%	64.0%
임차보증금 (천원)	264,686	276,427	26,003	5,549	142,634
월세 (천원)	9,768	6,273	2,083	526	5,016
사업체 수	102	44	95	43	284

주 : 노동생산성은 종사자 1인당 부가가치액으로 추정하였음
자료 : ㈜한국기업데이터 CRETOP+ 2017년 6월 DB를 이용해 저자 직접 계산

<표 4-9>는 각 집적지별로 사업체의 주요 특징을 비교한 결과이다. 앞 소절의 <표 4-5>와 비교할 때, 각 집적지에 소재한 사업체들은 사업체의 규모를 대표하는 매출액 수준에서 기타 지역에 소재한 사업체의 수준을 크게 상회하고 있음이 발견되었다. 전체 신산업 사업체의 매출액 평균이 114억 원 수준이었던 데 비해, 각 집적지에 입지한 사업체들에서는 351억 원 수준으로 평균 매출액의 3배에 이르는 것으로 나타났다. 연구개발비 수준은 크게 다르지 않았으나 매출액 대비 연구개발비의 수준은 집적지에 입지한 사업체들(26.9%)이 전체 사업체(2.73%)보다 훨씬 높은 수준을 나타냈다. 매출액 대비 연구개발비의 비중이 높은 지역은 주로 강남과 대덕·유성에 위치한 사업체들인데, 특히 대덕·유성 소재 사업체들의 경우 인근 연구기관과 협력해 새로운 기술의 개발에 주력하는 연구비중이 높은 사업체가 다수를 차지하고 있는 것으로 판단된다. 더불어 각 집적지에 소재하고 있는 사업체들은 총 자산의 20% 가량이 무형자산으로 구성되어 있어

전체 신산업 사업체의 수준(13.8%)과 비교할 때 훨씬 높은 비중을 보이고 있었다. 사업체의 성과와 직결된 지표인 부가가치액, 부가가치액 증가율 등의 지표에서도 집적지에 입지한 사업체들이 신산업 전체 사업체의 수준을 상회하는 것으로 나타났다. 부가가치액 규모는 판교에서 가장 높았으나 매출액 대비 연구개발비 비중은 판교가 가장 낮은 수준인 것으로 나타났다.

입지형태 관련 지표에서는 집적지 간 차이가 더 극명하게 관찰되고 있다(〈표 4-9〉 하단). 〈표 4-8〉과 비교하면, 각 집적지에 소재하는 사업체들은 신산업 전체 사업체보다 전반적으로 높은 임대료와 보증금을 부담하며, 훨씬 작은 규모의 산업공간을 사용하는 것으로 나타났다. 그러나 집적지 간에도 입지형태 및 임대료 수준에 큰 차이가 존재했는데, 강남테헤란밸리 일대에 소재한 사업체들은 90% 이상이 임대를 통해 산업공간을 마련하고 있었으며 가장 높은 수준의 임대료를 부담하고 있는 것으로 나타났다. 판교의 경우, 임차보증금 규모는 강남보다 오히려 높았으나 월세 규모는 매우 낮은 것으로 나타났다. 가산·구로 일대에 소재한 사업체들은 판교보다도 월등히 낮은 보증금과 임대료를 부담하고 있었으며, 대덕·유성 일대 소재 사업체의 경우는 강남과 비교해 5% 수준 이하의 임대료를 부담하는 것으로 나타났다.

〈표 4-10〉은 본 연구에서 자체적으로 수행한 설문조사 결과를 정리해 각 집적지에 소재한 사업체들의 입지 동기를 비교하였다[11]. 먼저 강남에 소재한 사업체 중에서 "낮은 임대료"를 해당지역에 입지하게 된 주요 동기로 선택한 비중은 가장 적은 비중을 차지했다. 반면, 판교에 소재한 사업체들의 경우에는 훨씬 더 높은 빈도로 "낮은 임대료"를 입지 동기로 선택하였다. 즉, 강남테헤란밸리에서 판교테크노밸리로 이주하는 사업체들의 선택에는 판교의 낮은 임대료, 혹은 강남의 높은 임대료가 중요한 동인으로 작용했으리라는 점을 짐작할 수 있다.

11) 설문조사의 자세한 내용은 본 장의 3절(3. 신산업 사업체 설문조사 결과) 참조

표 4-10 | **집적지별 사업체 입지요인 비교**

항목	강남	판교	가산·구로	대덕·유성	전체
판매시장 접근 용이	3.71	3.33	3.87	3.38	3.59
전문/고급인력 확보 용이	3.93	3.33	3.67	3.69	3.69
낮은 임대료	2.50	3.44	3.33	3.56	3.20
교통의 편리성, 물류비 절감	4.14	4.00	3.80	3.56	3.85
동종업종의 집적	3.21	3.78	3.47	3.44	3.44
주거, 교육 등 생활기반시설 편리	3.57	3.56	3.80	3.38	3.57
대학 및 연구기관과의 접근성	3.21	3.11	3.13	3.06	3.13
벤처캐피탈 및 금융기관과의 접근성	4.00	3.67	3.47	3.38	3.61
법률·회계·컨설팅 기관과의 접근성	3.93	3.67	3.60	3.19	3.57
지자체의 기업지원 서비스 양호	3.29	3.44	3.53	3.38	3.41

자료 : 연구진이 수행한 설문조사 결과를 이용해 각 집적지에 소재한 사업체 응답을 정리
주 : 설문조사 문항은 “귀사가 현재 지역에 입주한 이유는 무엇입니까? 각 입지 요인의 중요도를 평가해주세요”였으며 각 사업체는 입지요인별 중요도를 “매우 낮음(1점)”에서 “매우 높음(5점)” 사이로 응답하였음

강남 소재 신산업 사업체들의 주요 입지 동기는 “전문/고급인력 확보 용이”, “교통의 편리성”, “벤처캐피탈 및 금융기관과의 접근성”, “법률·회계·컨설팅 기관과의 접근성” 등의 순서로 조사되었다. 기술의 변화가 빠르고 시장 동향을 신속하게 따라잡는 일이 중요한 신산업 분야 사업체에게 강남이 제공하는 접근성은 중요한 입지동기로 작용할 수 있음을 짐작할 수 있다. 특히 4차 산업혁명시대 신산업 사업체가 높은 임대료에도 불구하고 테헤란밸리에 여전히 집적하고 있는 데에는 강남에 집중되어 있는 벤처캐피탈 기관이나 엑셀러레이터 조직의 존재가 중요한 역할을 하는 것으로 추정된다.

판교 소재 사업체의 주요 입지동기로는 “동종업종의 집적”이 꼽혔으며 상대적으로 “전문/고급인력 확보 용이”는 중요도가 낮은 것으로 나타났다. 즉, 고숙련 인력에 대한 수요가 높은 판교 소재 사업체들의 수요를 판교의 입지 여건이 충족시켜 주지 못하고 있다는 결과로 해석할 수 있다.

입지 동기 중 “지자체의 기업지원 서비스 양호”라는 요소는 가산·구로 일대에서 가장 중요한 입지 동기로 꼽혔으며 판교 소재 사업체에서도 마찬가지로 높은 중요도가 기록되었다. 이러한 답변 지식산업센터에 입주하는 기업에 대한 서울시와 성남시의 세제 혜택 등이 각 집적지의 입지 선택에 중요한 변수로 작용한다는 점을 시사하고 있다.

(4) 입지유형별 분포 현황

본 연구에서 수집한 1,130개의 신산업 사업체 중에서 산업단지에 입지한 사업체의 수는 324개로서, 전체의 28.67%로 나타났다. 〈표 4-11〉에 정리된 바와 같이, 가장 많은 수의 신산업 사업체가 입지한 계획입지는 서울디지털국가산업단지(가산·구로디지털단지)였으며 전체 사업체의 7.6%가량인 86개의 사업체가 입지하고 있다. 이어서 국가산업단지인 대덕연구개발특구와 반월산단에 각각 40개의 사업체가 입지하고 있는 것으로 확인되었다. 일반산업단지 중에서는 부산 센텀시티일반산단에 7개의 신산업 사업체에 입지하고 있어 가장 높은 수치를 기록했으며, 상대적으로 도첨산단이나 농공단지에는 입지한 사업체의 수가 적은 것으로 나타났다. 〈그림 4-7〉과 〈그림 4-8〉은 신산업 사업체의 입지 분포를 산업단지 지정면적과 비교해 분석한 결과이다.

표 4-11 | 사업체 계획입지 현황

계획입지 유형	산업단지명	사업체 수
국가산단	한국수출(서울디지탈)	86
	대덕연구개발특구	39
	반월특수(안산신도시)<구:반월지구>	21
	반월특수(시화지구)	20
	창원국가산업단지	11
	남동국가산업단지	10
	광주첨단과학산업단지	9
	기타	22
일반산단	센텀시티일반산업단지	7
	성서3차일반산업단지	6
	성남일반산업단지	6
	성서1차일반산업단지	5
	기타	66
도첨산단	소계	5
농공단지	소계	11
합계		324

그림 4-7 | 신산업 사업체 산업단지 분포 현황

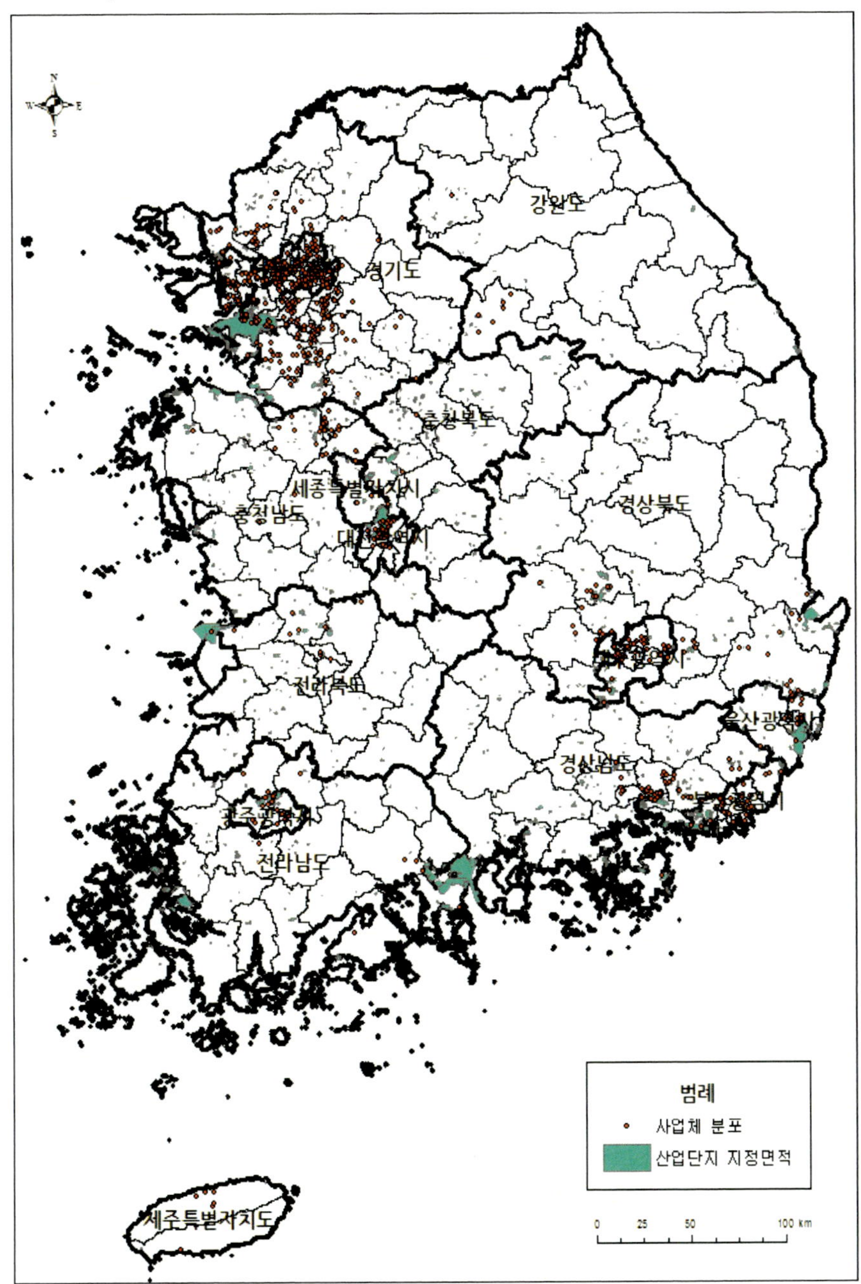

주 : 적색은 신산업 사업체 본사 주소지 좌표이며, 녹색은 산업단지 구역을 의미함

그림 4-8 | 수도권 신산업 사업체 산업단지 분포 현황

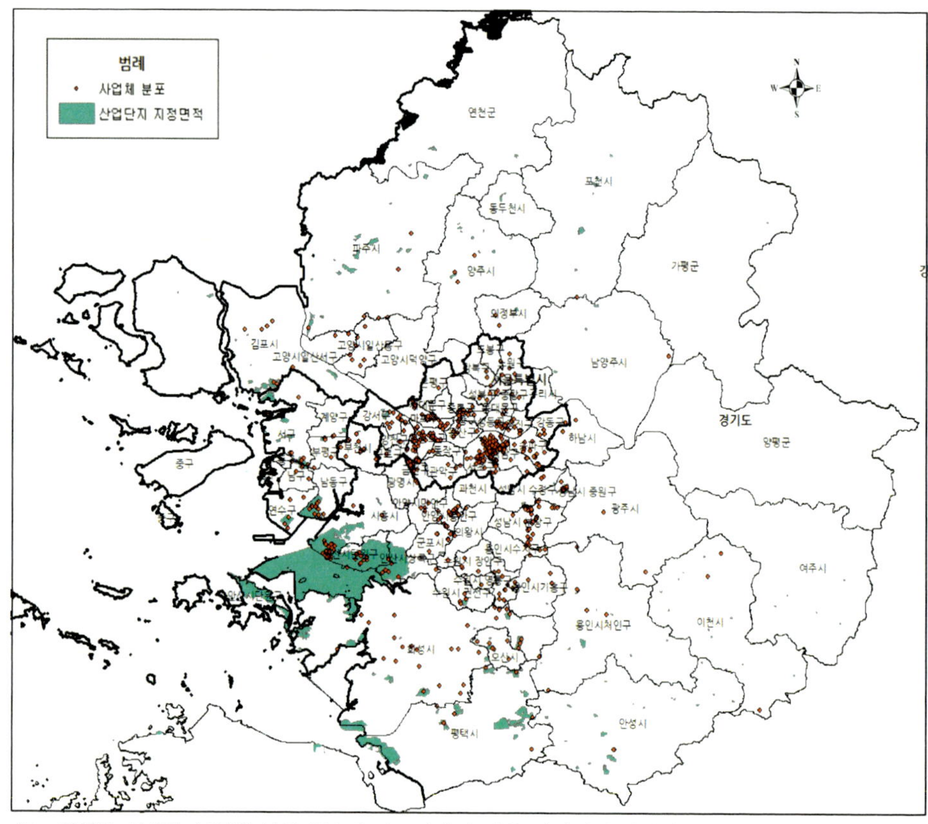

주 : 적색은 신산업 사업체 본사 주소지 좌표이며, 녹색은 산업단지 지정면적을 의미함

계획입지를 선택한 사업체와 개별입지를 선택한 사업체 간의 입지동기를 비교하기 위해 본 연구에서 자체적으로 조사한 설문조사 결과를 기업DB 자료와 결합하였다. <표 4-12>는 개별입지 사업체와 계획입지 사업체의 기초적인 특징을 비교한 결과이다. 계획입지 기업들은 개별입지 기업에 비해 높은 매출액을 기록했으나, 부가가치액이나 노동생산성, 부가가치 증가율 등의 지표에서는 개별입지 기업의 수준이 높게 나타났다. 계획입지 기업들은 입지 요인으로 낮은 임대료, 동종업종의 집적, 대학연구기관과의 근접성 등에 대해서 중요성을 두고 있음을 알 수 있다(<표 4-13>).

표 4-12 | 계획입지·개별입지 사업체 특징 비교

항목	계획입지	개별입지
매출액 (백만원)	11,937	9,293
부가가치액 (천원)	2,967	3,732
노동생산성 (천원)	65,985	91,673
부가가치액 증가율	18.1%	23.7%
연구개발비 (천원)	269,716	327,021
매출액대비 연구개발비	20.8%	13.7%
총자산 대비 무형자산	16.01%	12.84%
대지규모 (㎡)	3,005	5,132
건물규모 (㎡)	1,773	3,866
임대여부	63.3%	60.3%
임차보증금 (천원)	66,508	69,250
월세 (천원)	7,107	2,465
사업체 수	324	806

주 : 노동생산성은 종사자 1인당 부가가치액으로 추정하였음

표 4-13 | 계획입지·개별입지 사업체 입지요인 비교

항목	계획입지	개별입지
판매시장 접근 용이	3.37	3.33
전문/고급인력 확보 용이	3.42	3.40
낮은 임대료	3.35	3.17
교통의 편리성, 물류비 절감	3.63	3.58
동종업종의 집적	3.15	3.08
주거, 교육 등 생활기반시설 편리	3.35	3.34
대학 및 연구기관과의 접근성	3.03	2.88
벤처캐피탈 및 금융기관과의 접근성	3.25	3.28
법률·회계·컨설팅 기관과의 접근성	3.29	3.31
지자체의 기업지원 서비스 양호	3.38	3.34

자료 : 연구진이 수행한 설문조사 결과를 이용해 입지 유형별 사업체 응답을 정리
주 : 설문조사 문항은 "귀사가 현재 지역에 입주한 이유는 무엇입니까? 각 입지 요인의 중요도를 평가해주세요" 였으며 각 사업체는 입지요인별 중요도를 "매우 낮음(1점)"에서 "매우 높음(5점)" 사이로 응답하였음

한편, 계획입지 기업들의 핵심 애로사항으로는 기술개발지원기관의 부족, 높은 분양가 및 용지 구득난이 꼽히고 있다(표 4-14). 더불어 계획입지 기업들은 세금 및 부담금 감면, 기술 및 연구개발 지원, 경영 및 기술개발 자금조달 지원 등에 대한 수요가 높은 것으로 조사되었다. 반면, 개별입지 기업들은 세금 및 부담금 감면이 압도적으로 높으며, ICT 등 신기술기반 지원, 부지 및 건물 매입/임대 지원 등에 대한 수요가 높은 것으로 나타났다(표 4-15).

표 4-14 | 계획입지·개별입지 핵심 애로사항 비교

항목	계획입지	개별입지
기술개발지원기관의 부족	23.1%	12.4%
숙련된 인력 확보의 어려움	30.8%	35.0%
현장 생산인력확보의 어려움	12.3%	10.9%
판로 확보의 어려움	13.9%	10.2%
기업지원서비스 부족	0.0%	9.5%
자금조달의 어려움	16.9%	16.8%
노후화된 산업/기반시설	0.0%	0.0%
생산 및 연구개발 등 공간의 협소	0.0%	2.2%
높은 분양가, 용지 구득난	3.1%	0.7%

자료 : 연구진이 수행한 설문조사 결과를 이용해 입지 유형별 사업체 응답을 정리

주 : 설문조사 문항은 "귀사의 사업 수행에 가장 중요한 애로 사항이 무엇인지 응답해주세요"였으며 위 표에 보고된 비율은 각 사업체가 가장 중요한 애로 사항이라고 꼽은 항목의 비중을 문항별·입지유형별로 정리한 것임

표 4-15 | 계획입지·개별입지 정책지원 수요 비교

항목	계획입지	개별입지
세금 및 부담금 감면	38.5%	47.5%
기술 및 연구개발 지원	24.6%	19.0%
유통 판매망 지원	7.7%	5.8%
종업원의 교육훈련시설 지원	0.0%	0.7%
ICT 등 신기술 기반시설 지원	1.5%	3.7%
각종 기업지원서비스	1.5%	2.2%
기술개발 지원 및 정보제공(예 : 산학연 연계의 활성화)	1.5%	1.5%
해외시장 개척	6.2%	2.2%
경영 및 기술개발 자금조달 지원	15.4%	11.7%
건축비(시설장비 구입비, 기반시설 설치비 포함) 지원	2.7%	1.3%
교통 및 기반시설 등 인프라 확충	0.4%	0.7%
편의시설 및 주변 환경의 쾌적성 제고	0.0%	0.0%
부지 및 건물 매입/임대 지원	1.5%	3.7%

자료 : 연구진이 수행한 설문조사 결과를 이용해 입지 유형별 사업체 응답을 정리
주 : 설문조사 문항은 "귀사의 경쟁력 강화를 위하여 어떤 지원이 필요하십니까?"였으며 위 표에 보고된 비율은 각 사업체가 가장 중요한 지원조건이라고 꼽은 항목 비중을 문항별·입지유형별로 정리한 것임

2. 신산업 사업체 거래네트워크 분석

1) 분석 자료의 특징

본 연구가 분석한 CRETOP+ DB에는 각 기업이 거래하는 공급업체(suppliers)와 구매업체(customers)의 속성 및 입지정보가 함께 조사되어 있다. 이 같은 정보는 기업 담당자의 자기기술을 통해 조사된 주요 거래처 목록에 CRETOP+ DB에 포함된 사업체 속성정보가 매칭되는 형태로 조사되었다. 다시 말해, 신용평가를 위한 사업체 정보를 제출하는 과정에서 해당 기업의 담당자는 자사와 거래액 비중이 높은 거래처들의 목록을 입력한다. 입력된 거래처들은 대부분 CRETOP+ DB에 포함된 기업이나 기관이기 때문에, 전체 DB로부터 각 거래처의 주소지나 업종과 같은 속성 정보가 부여될 수 있다.

본 연구에서는 CRETOP+ DB의 거래처 DB를 이용해 신산업 기업체가 거래하는 업종 목록을 살펴보는 한편, 분야별 거래업체들의 공간적 분포를 분석하였다. 이 같은 분석을 통해 신산업 기업체가 제조업 업종과 어떻게 상호작용하며 거래가 발생하고 있는지에 대한 시사점을 도출하고자 하였다. 신산업 기업체와 거래망을 갖는 업종은 신산업과 전후방 연쇄효과를 갖고 있는 연관업종이라 해석될 수 있기 때문에 이들 업종의 공간적 분포를 파악하는 것은 향후 신산업 기업체를 위한 입지정책을 수립함에 중요한 기초자료로 활용될 수 있다.

2) 신산업 기업체 거래업종 현황

〈표 4-16〉은 신산업 기업체와 거래망을 갖고 있는 기관들의 업종 분포를 상위 10대 업종을 중심으로 정리한 것이다. 본 연구가 식별한 1,130개의 신산업 기업체는 총 3,393개의 거래처와 관계를 맺고 있는 것으로 나타났으며, 이 중에서 주소지와 업종 정보를 모두 식별할 수 있는 2,009개 거래에 대해서 분석하였다. 나머지 1,284개 거래처 역시 신산업 기업체가 거래처라 제시한 기업들이지만 CRETOP+ DB의 기업체 코드와 매칭되지 못해 업종, 주소지 등의 속성정보가 부여되지 않은 경우로서 본 분석에서는 제외하였다.

표 4-16 | 신산업 기업체 거래업종 현황 (상위 10대 업종)

업종 (한국표준직업분류 5-Digit)	거래처 수	전체 비중
시스템 소프트웨어 개발 및 공급업	160	7.96%
컴퓨터 및 주변장치, 소프트웨어 도매업	104	5.18%
그외 기타 자동차 부품 제조업	89	4.43%
전기용 기계장비 및 관련 기자재 도매업	81	4.03%
산업용 로봇 제조업	74	3.68%
컴퓨터시스템 통합 자문 및 구축 서비스업	64	3.19%
응용소프트웨어 개발 및 공급업	58	2.89%
이동전화기 제조업	56	2.79%
그외 기타 특수목적용 기계 제조업	55	2.74%
반도체 제조용 기계 제조업	49	2.44%
기타 업종	1,219	60.68%
합계	2,009	100.0%

자료 : ㈜한국기업데이터 CRETOP+ 2017년 6월 DB를 이용해 저자 직접 계산
주 : 한국표준산업분류 세세분류(5-Digit) 코드에 기준했으며 상위 10개 업종을 보고함

한국표준산업분류 세세분류(5-Digits)로 분석한 결과 전체 2,009개 거래처 중에서 가장 높은 비중을 차지한 거래업종은 '시스템 소프트웨어 개발 및 공급업'으로 나타났다. '시스템 소프트웨어 개발 및 공급업'과 거래하는 거래처는 모두 160개이며, 전체 거래처 건수의 약 8%를 차지하고 있다. 이어서 '컴퓨터 및 주변장치, 소프트웨어 도매업', '컴퓨터시스템 통합 자문 및 구축 서비스업', '응용소프트웨어 개발 및 공급업' 등 주로 ICT 분야 업종이 주요한 거래업종으로 나타났다. 동시에 '기타 자동차 부품 제조업', '산업용 로봇 제조업', '기타 특수목적용 기계 제조업', '반도체 제조용 기계 제조업' 등 기계제조업에 해당하는 세세부업종 중에도 신산업 기업체와 높은 빈도로 거래망을 갖는 업종들이 다수 나타났다.

이 같은 패턴은 4차 산업혁명과 관련된 신산업들이 IT분야의 소프트웨어 기술과 첨단 제조업 분야의 하드웨어 기술이 접점에서 융합적으로 연계하고 있다는 최근의 연구결과와 대체로 상응하는 것이다. 과학기술정책연구원의 최근 연구(김승현, 김만진, 2016)는 3D 프린팅, 빅데이터, 사물인터넷 등의 4차 산업혁명 신생업종들이 소프트웨어, 정밀

기계, 운송제조업 등의 기존 업종과 긴밀한 상호의존 관계를 갖고 있다는 점을 관찰한 바 있다.

이어서 <표 4-17>은 5개 신산업 기술분야별로 주요 거래업종을 집계해 비교한 결과이다. 먼저 3D 프린팅 사업체의 경우 전체 거래망의 20% 가량이 '컴퓨터 및 주변장치, 소프트웨어 도매업'과 '시스템 소프트웨어 개발 및 공급업'에 집중되어 있는 것으로 나타났다. 다만, 타 기술분야에 비해 거래망 업종분포가 다양한 업종에 산재해있는 경향을 보였다. 로봇·드론의 경우 '기타 자동차 부품 제조업' 및 '산업용 로봇 제조업'이 전체 거래망의 70% 이상을 차지하는 패턴을 보였다. 이어서 인공지능·빅데이터는 '시스템·소프트웨어 개발 및 공급업'이 약 30%의 거래망을 차지했으며 '컴퓨터 및 주변장치, 소프트웨어 도매업'의 비중 역시 두드러지게 나타났다. 사물인터넷 업종은 인공지능·빅데이터 업종과 동일하게 '시스템·소프트웨어 개발 및 공급업'과 '컴퓨터 및 주변장치, 소프트웨어 도매업' 등 두 개 ICT분야 업종이 전체 거래망의 80% 이상을 차지하는 것으로 나타났다. AR·VR 업종은 '시스템 소프트웨어 개발 및 공급업'과 더불어 '응용소프트웨어 개발 및 공급업'이 거래망에서 높은 비중을 차지하고 있다.

이상의 관찰에서 도출할 수 있는 주요 시사점을 정리하면 다음과 같다. 먼저 3D 프린팅의 경우 압도적인 거래 업종 없이 다양한 업종과 거래관계를 형성하고 있어 여러 산업에서 보편적으로 사용되는 신기술분야라 판단된다. 다음으로 로봇·드론 업종을 제외한 모든 분야에서 시스템 설계 및 소프트웨어 개발과 관련된 ICT업종이 중요한 공급업체로 기능하고 있음이 발견되었다. 구매업체 네트워크의 측면에서는 ICT분야의 융합서비스 업종이 신산업 기업체의 주요 구매처로 기능하고 있음이 관찰되었다. 이들 구매업체 중에는 신산업 기업체가 제공하는 데이터 솔루션이나 컨설팅 서비스를 수요하는 경우가 많았다. 반면, 로봇·드론 업종의 경우 '산업용 로봇 제조업' 분야를 비롯해 기존 제조업체와의 전후방 연계가 활발하게 나타나는 것으로 판단된다. 현대모비스, 두산인프라코어, 삼성중공업 등과 같은 대기업의 역할도 타 부문에 비해 높은 비중으로 나타났다.

표 4-17 | 신산업사업체 거래처 업종별 분포

기술분야	업종 (한국표준직업분류 5-Digit)	거래처 수
3D프린팅	컴퓨터 및 주변장치, 소프트웨어 도매업	11개 (9.7%)
	시스템 소프트웨어 개발 및 공급업	11개 (9.7%)
	기타	92개 (80.6%)
로봇·드론	그외 기타 자동차 부품 제조업	83개 (37.9%)
	산업용 로봇 제조업	73개 (33.3%)
	기타	63개 (28.8%)
인공지능·빅데이터	시스템 소프트웨어 개발 및 공급업	80개 (29.4%)
	컴퓨터 및 주변장치, 소프트웨어 도매업	44개 (16.2%)
	기타	148개 (54.4%)
사물인터넷	시스템 소프트웨어 개발 및 공급업	40개 (46.0%)
	컴퓨터 및 주변장치, 소프트웨어 도매업	31개 (35.6%)
	기타	16개 (18.4%)
AR·VR	시스템 소프트웨어 개발 및 공급업	11개 (12.6%)
	응용소프트웨어 개발 및 공급업	8개 (9.2%)
	기타	68개 (78.2%)

자료 : ㈜한국기업데이터 CRETOP+ 2017년 6월 DB를 이용해 저자 직접 계산
주 : 업종은 한국표준산업분류 5-Digit 코드에 기준해서 정리했음

3) 신산업 기업체 거래처의 공간적 범위

<표 4-18>은 신산업 기업체 거래망의 공간적 범위를 살펴보기 위해 동일 시·군 혹은 동일 시·도에 입지한 거래처 비중을 비교한 결과이다. 먼저 신산업 전체 기업체의 경우를 살펴보면, 전체 거래처의 14.9%에 해당하는 거래 건수가 신산업 기업체와 동일 시·군에서 발생하였다. 반면에 동일 시·도에서 발생한 거래 건수는 전체의 32.9%를 차지했고, 타 광역시·도의 경우는 52.2%를 차지하는 것으로 나타났다. 연간 거래액을 기준으로 비교하면 동일 시·군에서 발생한 연간 거래액이 전체의 6.8%에 불과했던 데 비해, 동일 시·도와 타 시·도에서 발생한 거래액 비중은 각각 45.6%와 47.6%로 집계되었다.

로봇·드론 부문은 동일 시·군 거래 비중이 가장 높은 산업분야인데, 이는 로봇·드론 부문의 계획입지 비중이 높았던 점과 관련이 있는 것으로 판단된다. 반면 동일 시·도 거래 비중은 상대적으로 다른 부문에 비해 낮았으며, 타 시·도 거래처와의 거래액 비중이

전체의 75%를 차지하고 있어 타 부문보다 매우 높은 수치를 나타냈다.

동일 시·군에서의 거래액 비중이 가장 높은 신산업 분야는 인공지능·빅데이터 이였는데 이들 기업의 거래처들은 강남이나 판교와 같은 집적지 주변에 다수 군집하고 있는 경향을 보였다. 인공지능·빅데이터의 경우 가장 높은 비중의 거래는 동일 시·도 내에서 이뤄졌는데 이는 대다수 신산업 기업체가 서울이나 경기에 입지하고 있고, 거래처 역시 수도권 지역에 집중된 데에서 기인한 결과인 것으로 판단된다.

표 4-18 | 신산업 기업체 거래처의 공간적 범위

구분		동일 시·군	동일 시·도	타 시·도	합계
전체	거래 건수	585 (14.9%)	1,293 (32.9%)	2,053 (52.2%)	3,931 (100%)
	연간 거래액 합계	3,957억 (6.8%)	2조 6,584억 (45.6%)	2조 7,754억 (47.6%)	5조 8,295억 (100%)
3D 프린팅	거래 건수	30 (13.3%)	82 (36.4%)	113 (50.2%)	225 (100%)
	연간 거래액 합계	172억 (1.7%)	8,555억 (83.8%)	1,118억 (11.4%)	9,845억 (100%)
로봇·드론	거래 건수	381 (16.5%)	601 (26.0%)	1,326 (57.5%)	2308 (100%)
	연간 거래액 합계	1,591억 (9.8%)	2,494억 (15.3%)	1조 2,204억 (74.9%)	1조 6,289억 (100%)
인공지능·빅데이터	거래 건수	73 (13.4%)	281 (51.7%)	189 (34.8%)	543 (100%)
	연간 거래액 합계	755억 (13.8%)	2,576억 (47.1%)	2,144억 (39.2%)	5,475억 (100%)
사물 인터넷	거래 건수	62 (10.5%)	225 (37.9%)	306 (51.6%)	593 (100%)
	연간 거래액 합계	1,424억 (5.5%)	1조 2,429억 (48.2%)	1조 1,949억 (46.3%)	2조 5,802억 (100%)
AR·VR	거래 건수	39 (14.9%)	104 (39.7%)	119 (45.4%)	262 (100%)
	연간 거래액 합계	15억 (1.7%)	530억 (59.9%)	340억 (38.4%)	885억 (100%)

자료 : ㈜한국기업데이터 CRETOP+ 2017년 6월 DB를 이용해 저자 직접 계산

주 : 본 자료는 개별 기업의 거래처별로 공간적 범위를 측정한 결과로서, 거래처 수가

4) 신산업 기업체의 거래처 분포 현황

〈그림 4-9〉는 신산업 기업체 전체의 거래처 분포를 시군구별로 집계한 결과이다. 가장 많은 수의 거래처가 집중되어 있는 지역은 서울의 강남구였는데 총 256개의 거래처가 강남구에 소재하고 있었다. 이어서 영등포구(171개), 성남시 분당구(164개), 금천구(147개), 서초구(130개), 구로구(125개)의 순서로 신산업 기업체의 거래망 집적지가 관찰되었다. 한편 충청권에서는 유성구에 104개 거래처가 입지하고 있어 높은 순위를 나타냈고, 경상권에서는 창원시 성산구(63개), 김해시(54개), 대구 달서구(52개)의 경우가 가장 높은 거래망 밀도를 나타냈다. 반면, 강원권이나 전라권에서는 신산업 기업과의 거래망이 밀집한 지역을 구분하기 어려웠다.

〈그림 4-10〉에서 〈그림 4-14〉까지의 결과는 신산업 부문별로 거래처의 시군구별 입지 분포를 정리하고 있다. 대체로 수도권 지역에 거래처가 집중되고 있으나, 로봇·드론 신산업의 경우 경상권을 중심으로 지방에 거래망이 분산되어 있는 모습이 관찰되었으며, 인공지능·빅데이터 부문의 경우 대부분의 거래처가 서울과 경기권에 집중되어 있는 것으로 나타났다. 3D프린팅, 사물인터넷, AR·VR의 경우도 서울·경기권에 거래망이 집중되어 있는 패턴은 동일하지만, 유성구와 같은 지역거점에도 다수의 거래처가 입지하고 있는 모습이 관찰되었다.

그림 4-9 | 신산업 기업체의 거래처 분포

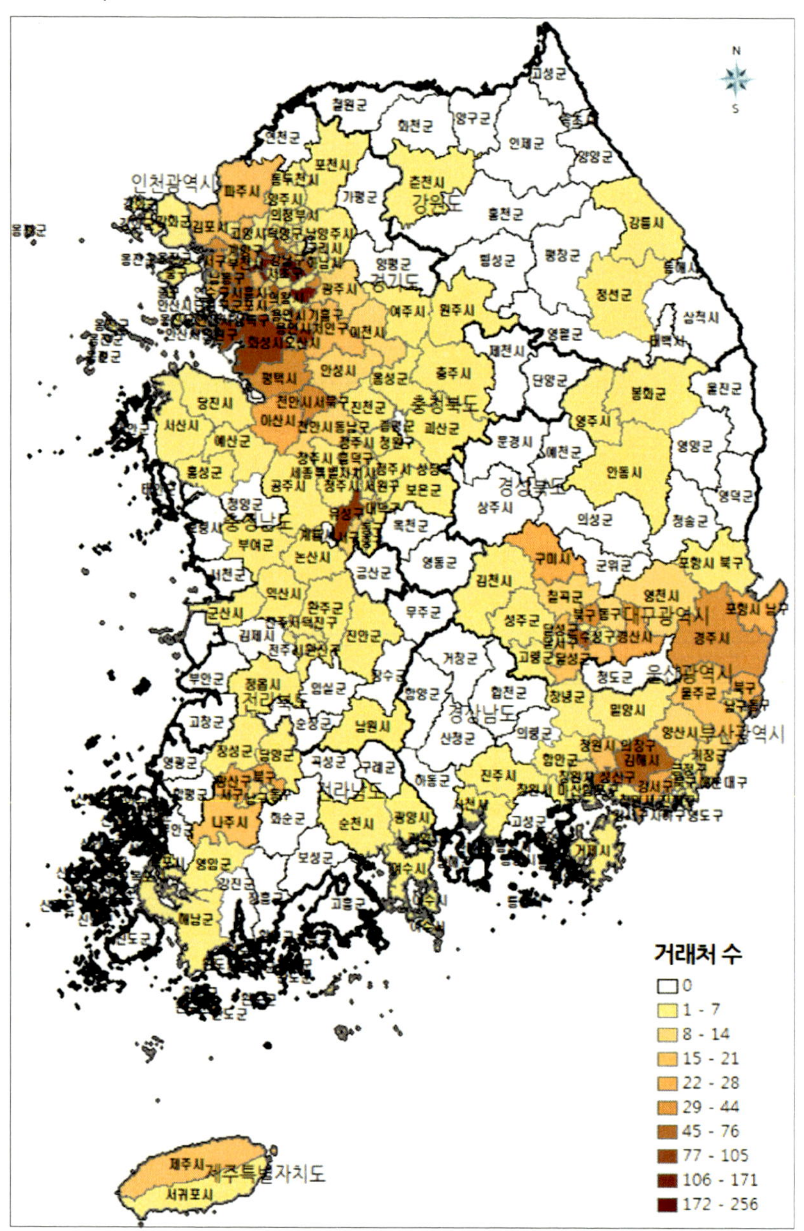

자료 : ㈜한국기업데이터 CRETOP+ 2017년 6월 DB를 이용해 저자 직접 계산
주 : 신산업사업체와 구매처·공급처 관계를 갖는 기업의 시군구별 개수 합계를 표현

그림 4-10 | 3D프린팅 신산업 기업체의 거래처 분포

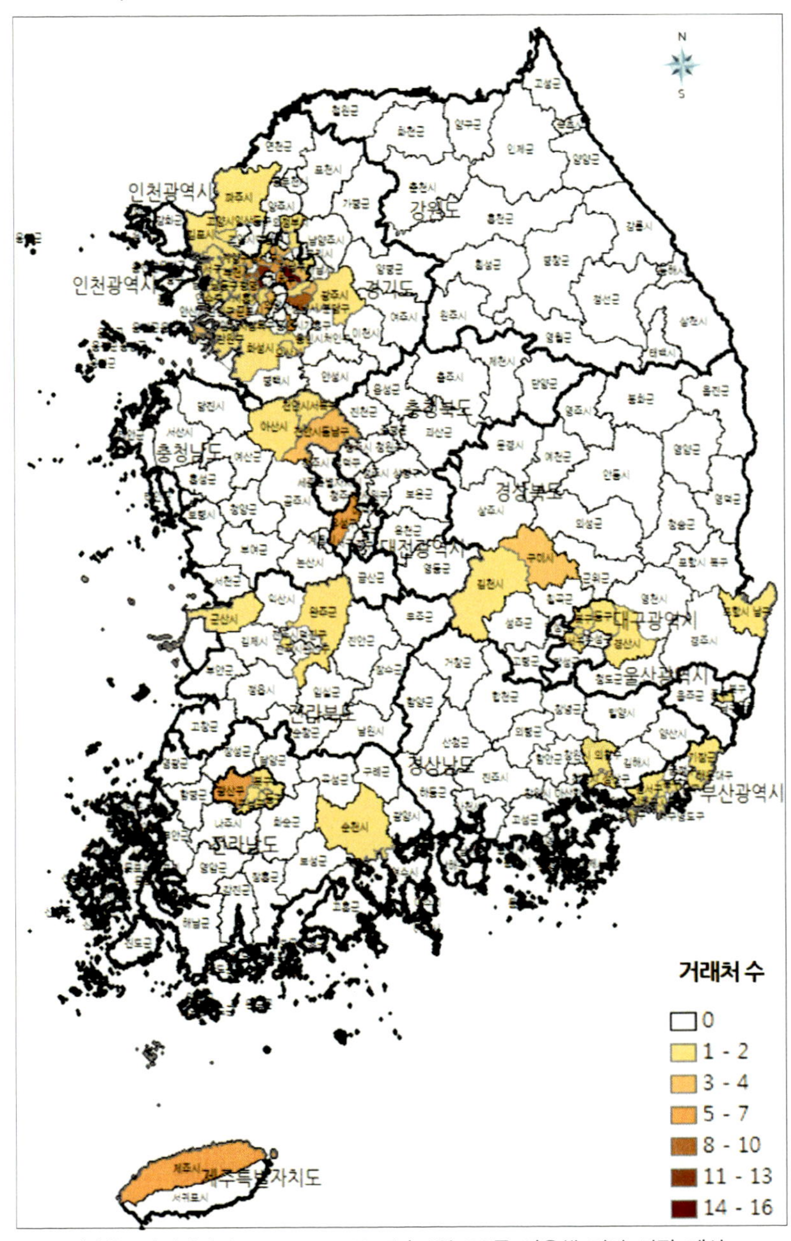

자료 : ㈜한국기업데이터 CRETOP+ 2017년 6월 DB를 이용해 저자 직접 계산
주 : 3D프린팅 신산업사업체와 거래하는 거래처 개수를 시군구별로 합산해 정리

그림 4-11 | 로봇·드론 신산업 기업체의 거래처 분포

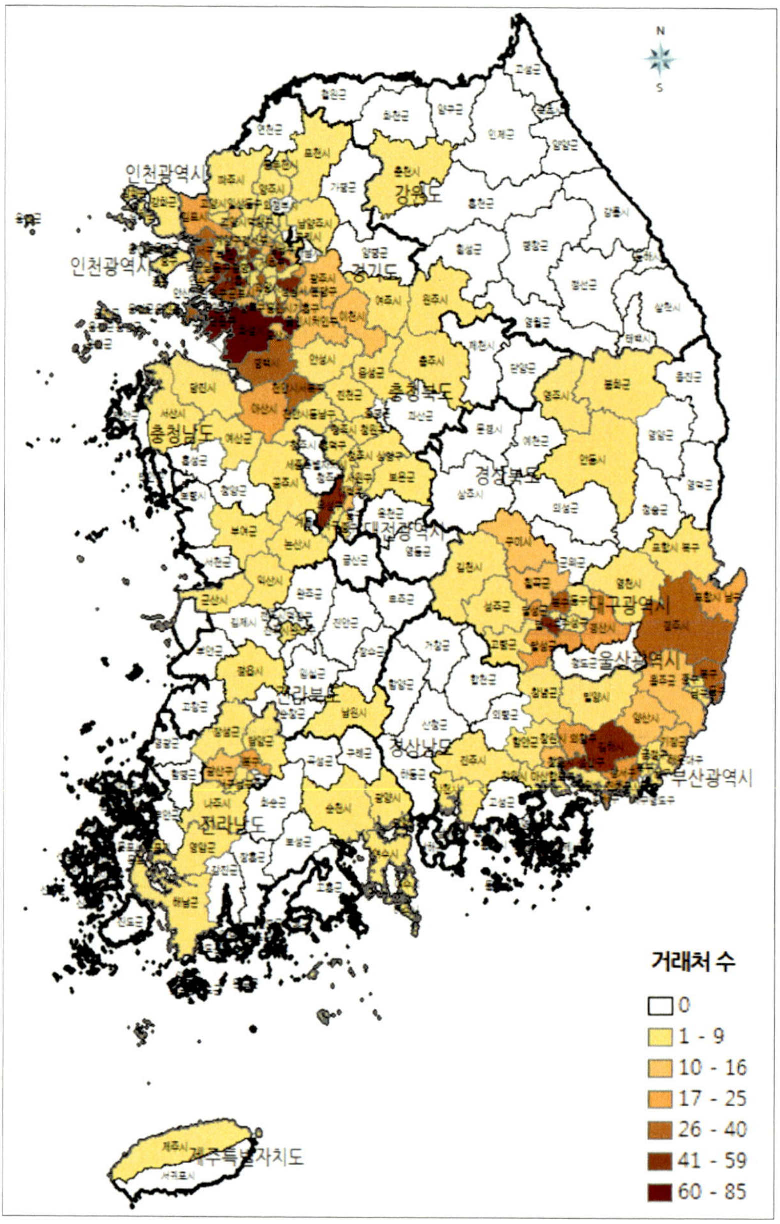

거래처 수

0
1 - 9
10 - 16
17 - 25
26 - 40
41 - 59
60 - 85

자료 : ㈜한국기업데이터 CRETOP+ 2017년 6월 DB를 이용해 저자 직접 계산
주 : 로봇·드론 신산업사업체와 거래하는 거래처 개수를 시군구별로 합산해 정리

그림 4-12 | 인공지능·빅데이터 신산업 기업체의 거래처 분포

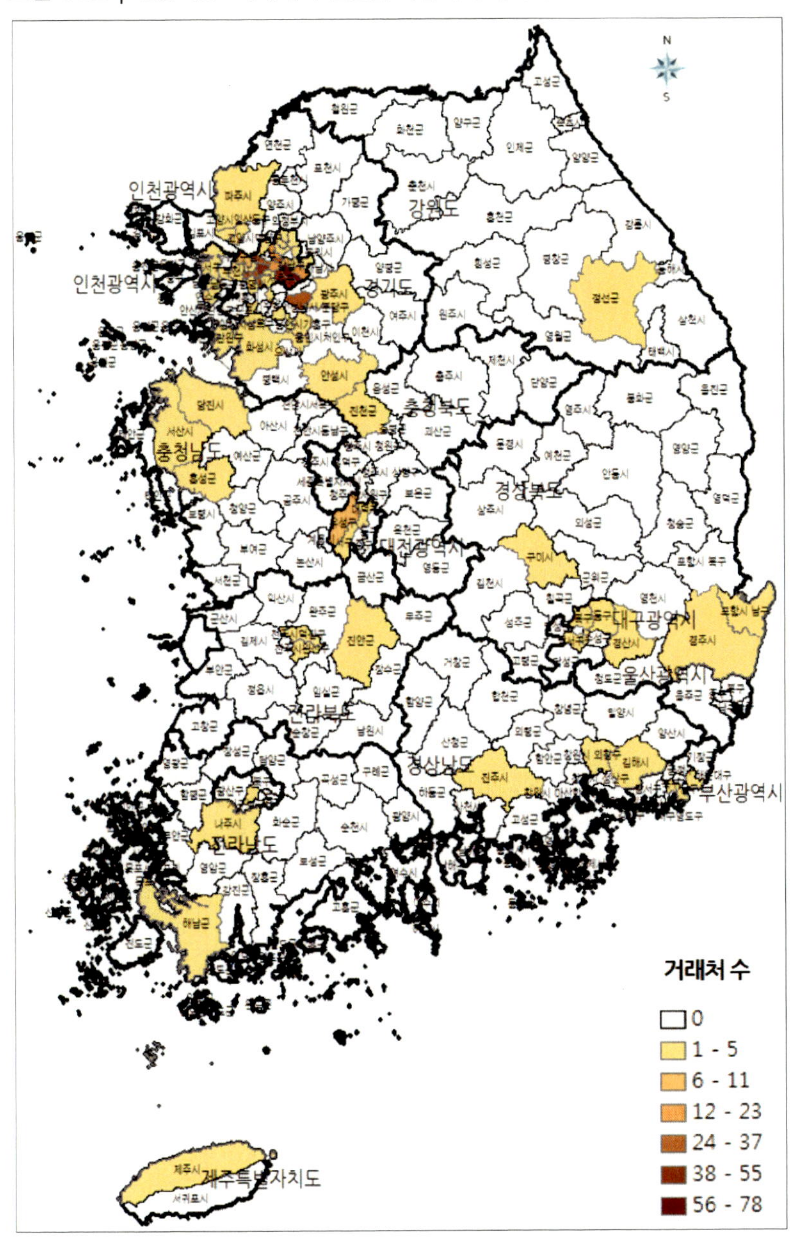

자료 : ㈜한국기업데이터 CRETOP+ 2017년 6월 DB를 이용해 저자 직접 계산

주 : 인공지능·빅데이터 신산업사업체와 거래하는 거래처 수를 시군구별 합산해 정리

그림 4-13 | 사물인터넷 신산업 기업체의 거래처 분포

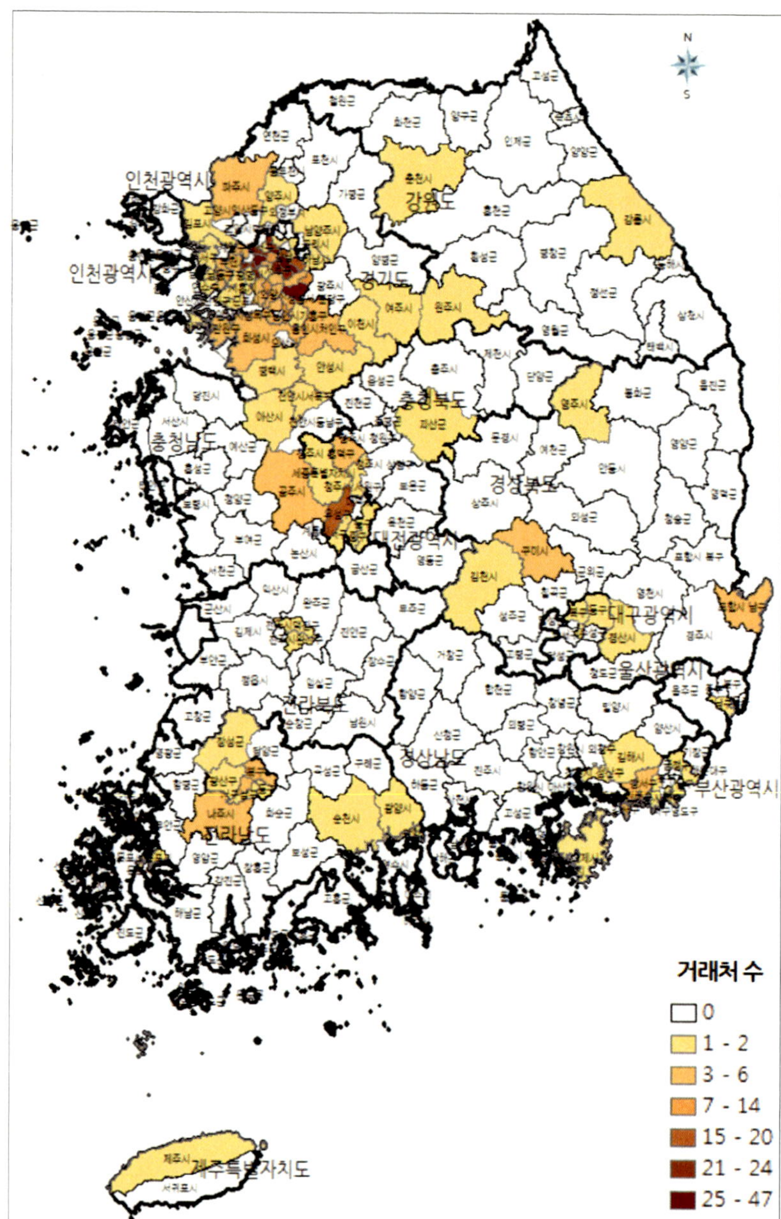

자료 : ㈜한국기업데이터 CRETOP+ 2017년 6월 DB를 이용해 저자 직접 계산
주 : 사물인터넷 신산업사업체와 거래하는 거래처 개수를 시군구별로 합산해 정리

그림 4-14 | AR·VR 신산업 기업체의 거래처 분포

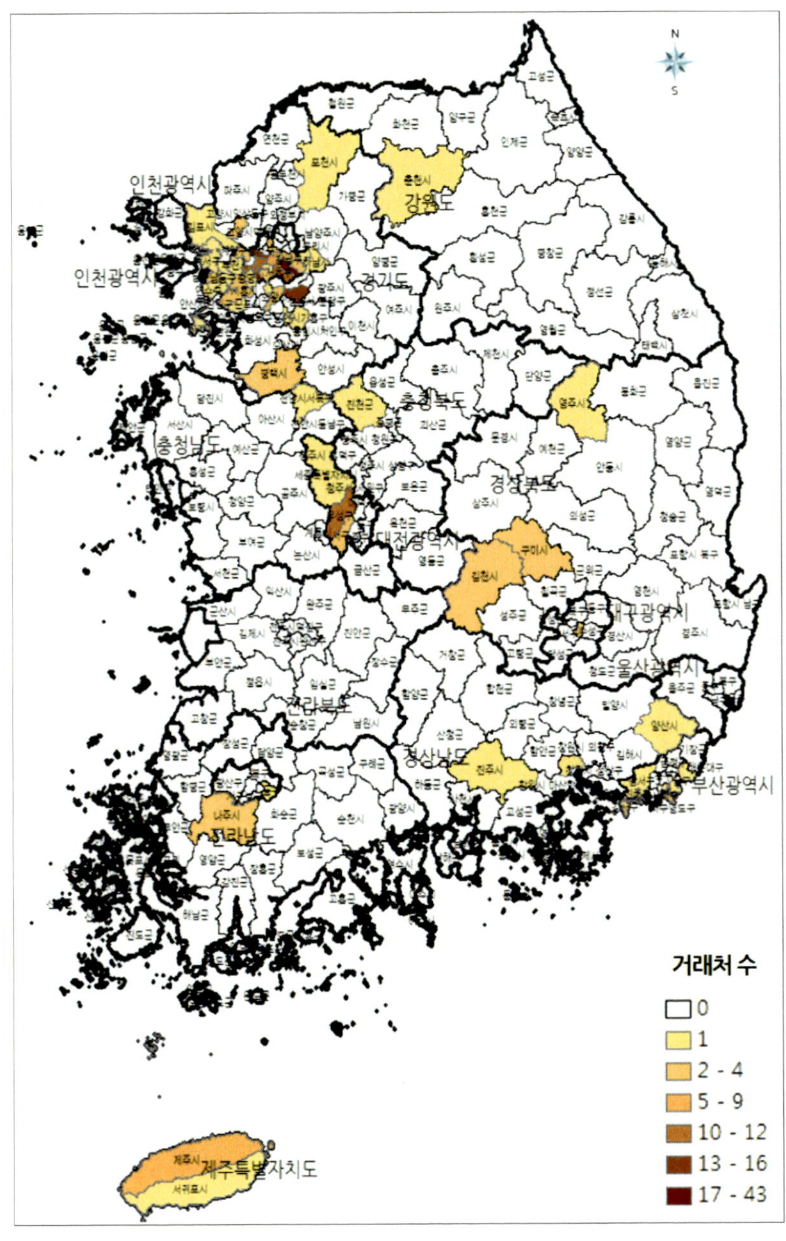

자료 : ㈜한국기업데이터 CRETOP+ 2017년 6월 DB를 이용해 저자 직접 계산
주 : AR·VR 신산업사업체와 거래하는 거래처 개수를 시군구별로 합산해 정리

3. 신산업 사업체 설문조사 결과

1) 설문조사 대상 및 방법

앞 소절의 분석에서 제시된 CRETOP+ 기업DB 자료는 4차 산업혁명 신산업 사업체의 입지분포를 추적하는 데 강점을 갖고 있다. 그러나 기업들이 특정한 입지를 선택하게 된 동기나 현재 입지에서 경험하고 있는 제약조건 등의 정성지표를 취득하는 데에는 한계가 있다. 이를 보완하기 위해 본 연구는 CRETOP+ DB의 속성정보에서 취득하기 어려운 정보를 중심으로 조사지를 구성해 기업체 설문조사를 수행하였다. 설문조사의 일차적인 목적은 사업체의 입지동기, 제약조건, 주요 기관과의 지리적 접근성, 이전 및 확장계획 등 산업입지 관련 제반지표를 취득함으로써 CRETOP+ DB의 정량적인 분석결과를 보완하는 데 있다. 더불어 사업체의 성장단계, 정책지원 수요 등 기업DB에서 취득하기 어려웠던 기업체 속성정보를 취득하는 데 주력하였다.

설문조사의 모집단은 4차 산업혁명 신산업 사업체 전수이다. 그러나 모집단의 범위가 명확하게 정의되어 있지 않고, 공식적으로 집계된 자료가 존재하지 않는 상황을 고려해 본 연구에서 식별한 1,130개의 4차 산업혁명 신산업 사업체 명부를 목표모집단 틀로 사용하였다. 실제적인 설문조사는 CRETOP+ DB를 조사·관리하는 ㈜한국기업데이터의 기업조사팀에 위탁되어 2017년 6월 1일부터 6월 27일까지 수행되었다. 조사는 기업 대표전화로 ㈜한국기업데이터 조사원이 전화연락 후 설문지를 이메일이나 팩스를 통해 전달하는 방식으로 진행되었다. 1,130개 기업 전체에 대해서 설문지가 전달되었고 조사 참여를 독려하는 공문과 전화 연락이 진행되었으며, 이후 반복된 전화 연결을 통해 조사 응답률을 높이려 노력하였다. 조사지 집계 이후에는 응답 결과가 불량하거나 결측치가 많은 조사지를 제외했다. 최종적인 집계 결과, 1,130개의 기업 중 207개의 기업이 설문조사에 응답해 약 18.32%의 응답률을 기록하였다. 설문조사의 전체 조사지는 본 보고서의 부록에 수록되어 있다.

2) 응답결과의 부문별·지역별 분포

설문조사의 질을 결정하는 중요한 요소의 하나는 조사에 참여한 표본의 구성비가 목표 모집단의 구성비를 균형 있게 대표해야 한다는 것이다. 예를 들어, 영세한 규모의 기업일수록 응답률이 낮았다거나, 특정 업종의 기업들의 응답률이 낮았다는 등의 구조적인 누락이 발생할 경우, 무응답으로 인한 조사결과의 편의(non-response bias)가 발생할 수 있다. 이 같은 문제를 방지하기 위해 신산업 사업체 명부의 업종 구성과 광역시·도 구성을 최대한 설문조사 응답표본에 반영시킬 수 있도록 노력하였다. 그러나 전체 목표모집단의 규모가 한정되어 있었던 조사환경의 특징 탓에 대표성을 충분히 확보하기는 어려웠다.

조사결과의 신산업 분야별 분포를 살펴보면, 먼저 로봇·드론 관련 기업이 전체 207개 중 131개로 63.3%를 차지하고 있어 가장 높은 비중을 나타내고 있다. 반면, AR·VR 응답업체 비율은 4.8%(10개)로 타 분야에 비해 적은 것으로 나타났다. 전체 신산업 기업체 명부에서 로봇·드론 기업의 비중은 50.97%였으며, AR·VR 기업의 비중은 9.82%였다. 이를 비교할 때, 본 연구의 조사결과는 상대적으로 로봇·드론 부문의 사업체가 과대표집되어 있고 타 부문의 사업체가 과소표집된 결과임을 알 수 있다. 따라서 조사결과를 해석함에 있어서도 이 같은 한계를 감안할 필요가 있다.

다음으로 조사결과의 지역별 분포를 살펴보면, 경기도와 서울에서 각각 56개와 52개의 기업체가 조사되어 가장 높은 비중을 차지했다. 다음으로 대전광역시 19개, 대구광역시 15개, 부산광역시에서 13개의 기업이 조사되었으며, 도 단위에서는 경상남도의 경우가 13개로 조사표본의 수가 가장 많았다. 전체 조사표본 중에서 수도권이 차지하는 비중은 56.52%인데 이는 본 연구가 식별한 4차 산업혁명 신산업 사업체 명부의 수도권 비중이 68.8%였다는 점을 감안할 때 다소 적은 비중으로 표집된 결과라 할 수 있다. 반면, 신산업 사업체 명부에서 4.6%를 차지했던 대전광역시의 기업들이 설문조사 조사표본에서는 9.2%를 차지해 두 배 가깝게 과대표집되었다. 따라서 이후 소절에서 제시될 조사결과를 해석함에 있어 이 같은 지역별 응답표본의 구조를 고려할 필요가 있다.

그림 4-15 | 신산업 분야별 응답자 현황

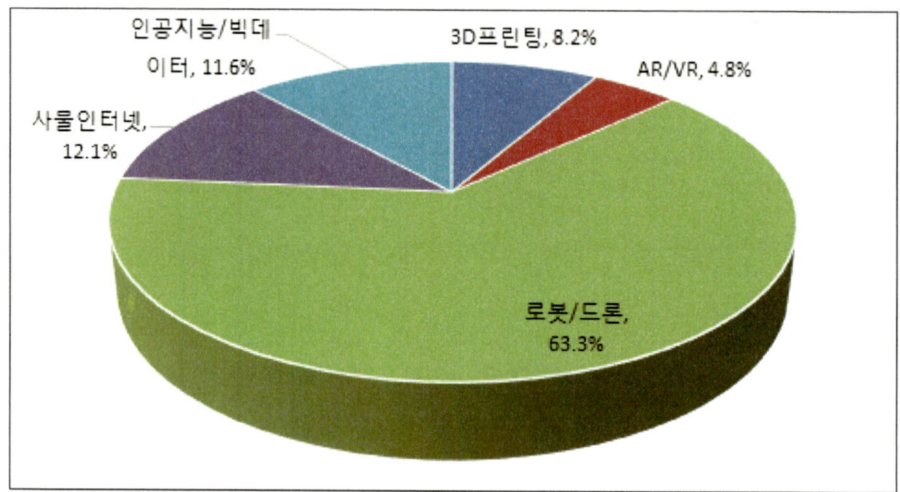

자료 : 설문조사 결과에 기초해 저자 작성

그림 4-16 | 지역별 응답자 현황

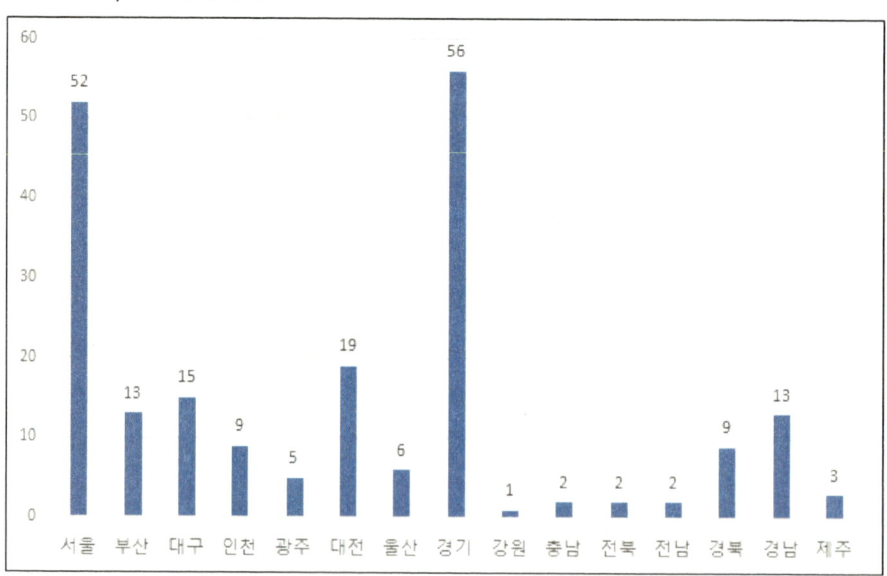

자료 : 설문조사 결과에 기초해 저자 작성

3) 설문조사 분석결과

(1) 창업 이후 주소지 이전

본 설문조사는 첫 번째 주요 질문으로 사업체들의 창업입지와 관련된 정보를 조사했다. CRETOP+ DB는 사업체 본사의 현재 주소지만을 기록하고 있기 때문에 현재 입지가 창업당시의 주소지인지, 아니면 기업성장 단계에 따라 사업지역을 이전한 결과인지를 파악할 필요가 있다. 현재 지역과 타 지역을 구분하는 기준을 시군구 행정단위 경계로 설정한 뒤, 현재 입지와 창업 입지가 달라졌는지 여부를 조사하였다. 설문조사 결과, 4차 산업혁명시대 신산업 사업체들은 대부분 현재 입지하고 있는 지역에서 창업한 것으로 조사되었다. 현재 지역에서 창업한 비율은 78.7%(163개)로 타 지역에서 창업 후 현 지역으로 이전하는 비율인 21.3%(44개)보다 3배 이상 많은 것으로 나타나고 있다.

타 지역에서 창업한 경우 구체적인 창업지가 어디였는지를 조사하였다. 조사결과를 살펴보면 창업지역중에는 경기도의 비중이 38.6%를 차지해 가장 높은 비중을 나타내고 있다. 다만, 사업체의 성장주기에 따른 지역 간 이동성은 높지 않은 것으로 관찰되고 있다. 예를 들어, 경기도에서 창업한 뒤 현재 입지로 이전했다고 밝힌 17개의 사업체 중에서 13개는 여전히 경기도 내에 입지하고 있다. 다시 말해, 타 시·군에서 창업 후 이전했다고 밝힌 사업체의 대다수는 동일한 광역시·도 내에서 창업한 뒤 이전한 경우로 판단된다. 반대로 창업 후 다음 입지를 결정할 때 광역시·도 간 이동을 감행한 경우는 비중이 적었다.

표 4-19 | 타 지역 창업 비율 현황

전체	경기	서울	인천	울산	경남	경북	부산	전남	전북	충남	해외
44건(100.0)	38.6	22.7	13.6	4.5	4.5	4.5	2.3	2.3	2.3	2.3	2.3

자료 : 설문조사 결과 저자 작성

(2) 기업성장 단계

다음으로 기업체 담당자의 관점에서 바라보는 각 기업의 성장단계를 조사하였다. 기업 성장단계는 제품수명주기(product life cycle) 이론 같은 기존의 이론 틀을 참고해 창업단계, 시제품개발단계, 초기생산 및 마케팅 단계, 안정적 시장확보 단계, 시장확대 단계의 다섯 단계로 구분하였다. 조사 결과, 4차 산업혁명시대 신산업 사업체의 대부분(70.5%)이 자사를 사업 안정화 단계 이상에 진입한 것으로 파악하고 있음이 나타났다. 안정적인 시장을 확보하고 있는 단계라 응답한 비중이 전체의 41.5%를 차지했으며, 시장 확대 및 후속상품 개발단계에 진입했다고 밝힌 경우도 전체의 29%를 차지했다. 즉, 기업성장 단계상 안정궤도 및 양산화 단계에 진입해있는 사업체의 비율이 과반 이상을 차지하고 있는 것으로 나타났다. 다만, 창업 후 시제품 개발단계의 비율도 20.3%로 나타나고 있어 초기단계에 있는 기업에 대한 지원방안 마련이 함께 고려되어야 할 것으로 판단된다.

표 4-20 | 기업성장 단계별 분포 현황

전체	창업단계 (창업 후 2년 이내)	창업 후 시제품개발 단계	초기생산 및 마케팅 단계	안정적 시장 확보 단계	시장 확대 및 후속상품 개발단계
207건	1.9	20.3	7.2	41.5	29.0

자료 : 설문조사 결과 저자 작성

(3) 주요 연관기관과의 접근성

사업체 입지에 대한 정보를 심화하기 위해 주요 연관기관과의 지리적 근접성 추이를 조사하였다. 연관기관의 목록으로는 공급업체, 구매업체, 경쟁업체, 기술적으로 연관된 타 업종 사업체, 대학 및 연구기관, 금융기관, 사업지원서비스기관이 포함되었다. 각 목록의 연관기관 중에서 가장 빈번하게 교류하고 있는 기관이 현재 사업체 입지로부터 어느 정도 거리에 떨어져있는지를 조사하였다.

조사 결과, 분류된 기관 중에서 신산업 사업체와 지리적으로 가장 근접하게 입지하는 기관의 유형은 벤처캐피탈 및 금융서비스 기관인 것으로 나타났다.

조사결과를 정리하면, 도보 20분 이내 거리 및 차로 20분 이내 거리(동일시·군)에 입지하고 있는 비율이 58.3%로 높게 나타난다. 이어서 법률·회계·컨설팅 등의 업종으로 구성되어 있는 사업자지원서비스 기관 역시 거래처의 절반 이상이 도보 거리나 차로 20분 이내의 근접한 거리에 입지하는 것으로 조사되고 있다. 반면, 물품생산과 직·간접적으로 연관되어 있는 공급업체 및 구매업체, 경쟁 및 유관업체의 경우 동일 시·군 내 입지하는 경우보다는 동일 광역시·도 내에 입지하는 비율이 높게 나타났다. 연구개발 활동과 관련이 깊은 대학 및 연구기관과의 접근성 역시 동일 시·군보다는 동일 광역시·도에 입지하는 비율(57%)이 가장 높게 나타나고 있다.

이상의 결과를 해석하면, 지리적 근접성이 높게 나타난 기관일수록 재화와 서비스를 거래하고 정보를 교환하는 과정에서 대면접촉(face-to-face contact)의 필요성이 높은 부문이라 해석할 수 있다. 특히 벤처캐피탈 기관과의 근접성이 가장 높다는 결과는 선행연구와도 일치하는 것인데, 벤처투자의 공간적 범위를 분석한 다수 문헌은 지리적으로 근접한 기업에게 벤처투자액의 높은 비중이 집중된다는 결과를 보고하고 있다(Zook, 2002).

반면, 공급업체나 구매업체 등 전후방으로 연계되어 있는 사업체와의 지리적 근접성은 높지 않은 것으로 파악되었다. 앞 소절에서 본 연구는 강남, 구로, 판교, 대덕 일대에 신산업 사업체들이 군집해있는 지리적 경향을 관찰한 바 있다. 그러나 이들 사업체들의 일부를 표집해 지리적 연관성을 설문조사했을 때, 도보거리나 차로 20분 거리 내에 가장 중요한 공급업체, 구매업체, 경쟁업체, 연관업체가 존재한다는 응답은 상대적으로 적은 비중을 차지했다. 한편으로, 이 같은 결과는 우리나라에서 신산업 사업체들의 지리적인 클러스터가 충분히 성숙하지 못했다는 점을 시사한다. 다시 말해, 지리적인 군집경향은 발견되지만, 각 군집 내에서 밀도 있는 상호작용이 성숙하지는 못했다는 점을 시사한다. 다른 한편으로, 이 같은 관찰은 신산업 분야에서 지리적인 근접성이 기업 간 관계를 매개하는 데 상대적으로 중요하지 않다는 점을 시사할 수도 있다.

표 4-21 | 주요 연관기관과의 접근성 분포 현황

항목	도보로 20분 이내	차로 20분 이내	동일 광역시·도	다른 광역시·도	해외
공급업체	3.4	11.6	42.5	36.7	4.3
구매업체	2.9	14.0	44.4	30.9	3.9
동종업종경쟁업체	3.9	4.3	49.3	36.2	4.8
기술적 연관된 타업종사업체	4.3	3.9	52.7	35.3	2.4
대학 및 연구기관	5.3	8.2	57.0	22.7	0.5
벤처캐피탈 및 금융서비스기관	24.2	34.3	35.7	5.3	0.5
법률/회계/컨설팅 등 서비스 기관	20.3	32.9	40.1	6.3	0.5

자료 : 설문조사 결과에 기초해 저자 작성

(4) 입지요인 중요도

이어서 본 설문조사의 핵심질문으로서, 각 기업에게 현 사업지를 선택하게 된 입지요인을 조사하였다. 선행연구를 참조해 선정한 10개의 입지요인에 대해 요인별 중요도를 5점 만점의 척도형 문항으로 측정하였다. 조사 결과, 가장 중요한 입지요인은 교통편리성 및 물류비 절감의 측면으로 드러났다. 이 같은 관찰은 신산업의 발달이 기업들을 물리적 거리로부터 자유롭게 하리라는('footloose' plants) 일부 문헌의 예측과 상반되는 결과라 할 수 있다. 즉, 물리적인 교통여건은 신산업 사업체의 활동에 있어서도 여전한 중요성을 나타냈다. 이어서 전문·고급인력의 확보가 용이하다는 점 역시 중요한 요인으로 조사되었다. 신산업 사업체의 경우 고숙련 인력의 인적자본이 중요한 생산요소로 투입되기 때문에 기업체가 필요로 하는 인력을 적기에 매칭할 수 있는지의 여부가 입지선택에 있어 중요한 요인으로 작용하는 것으로 추정된다. 특히, AR·VR 관련 업종이 전문·고급인력 확보 용이성에 대한 중요도를 가장 높게 판단하고 있다.

표 4-22 | 입지요인별 중요도(5점)

업종	판매 시장 접근 용이	전문/고급 인력 확보 용이	낮은 임대료	교통의 편리성, 물류비 절감	동종 업종 집적	주거, 교육 등 생활기반 시설편리	대학및 연구 기관 과의 접근성	벤처 캐피탈및 금융기관 과의 접근성	법률·회계·컨설팅 기관 과의 접근성	지자체의 기업 지원 서비스 양호
전체	3.36	3.43	3.25	3.61	3.11	3.35	2.95	3.28	3.31	3.35
3D프린팅	3.53	3.59	3.47	3.76	3.12	3.71	3.12	3.59	3.71	3.65
AR/VR	3.20	3.80	3.20	3.50	3.10	3.50	3.10	3.60	3.50	3.40
로봇/드론	3.30	3.31	3.29	3.54	3.03	3.20	2.93	3.18	3.21	3.25
인공지능/빅데이터	3.39	3.55	3.08	3.69	3.44	3.34	2.81	3.27	3.37	3.25
사물인터넷	3.52	3.68	3.12	3.92	3.16	3.80	3.08	3.44	3.44	3.60

자료 : 설문조사 결과 저자 작성

한편 금융 및 법률, 기업지원 등의 사업자서비스 역시 중요한 입지요인으로 꼽히고 있는데, 이는 이 같은 분야의 연관기관과의 지리적 근접성이 우세하게 나타났던 이전 질문의 조사결과와도 일치하는 내용이다. 주거 및 생활기반시설의 편리성 역시 중요한 입지요인의 하나로 조사되었다. 그러나 대학 및 연구기관과의 접근성은 앞에서 제시된 연관기관 입지패턴의 경향과 마찬가지로 중요도가 낮게 나타났다.

(5) 사업 수행 시 제약조건

다음으로 현 사업장에서 사업을 수행할 때 가장 큰 제약조건이 무엇인지를 조사했다. 가장 높은 응답을 기록한 제약조건은 숙련인력의 확보인 것으로 조사되었다. 이어서 자금조달의 어려움과 기술개발 지원기관의 부족이 주요한 제약조건으로 나타났다. 상대적으로 공간의 협소나 높은 분양가, 용지 구득난과 같은 공간적 제약조건은 상대적으로 중요도가 높지 않게 관찰되고 있다.

표 4-23 | 사업수행 시 애로사항

전체	기술 개발 지원 기관의 부족	숙련된 인력 확보의 어려움	현장 생산인력 확보의 어려움	판로 확보의 어려움	기업 지원 서비스 부족	자금 조달의 어려움	노후화된 산업/기반시설	생산 및 연구개발 등 공간의 협소	높은 분양가, 용지 구득난	기타
207건 (100.0)	15.5	33.3	11.6	11.1	6.8	16.9	0.5	1.4	1.4	1.4

자료 : 설문조사 결과를 정리해 저자 작성

(6) 이전 및 확장 예정지역

이전 계획에 대해서 조사했을 때, 전체 207개 사업체 중 30.4%에 해당하는 63개 사업체가 이전 및 확장계획이 있는 것으로 응답하였다. 이어서 이전 및 확장계획이 있는 63개 사업체 중 대다수가 동일 시·도에서의 이전 및 확장을 계획하고 있는 것으로 조사되었다. 지역 간 이주계획의 패턴을 살펴보면, 현재 서울지역에 입지하고 있는 기업 중 경기도로 이전계획을 갖고 있는 기업의 비중은 15.4%로 나타났으며, 역으로 경기도에서 서울로의 이전을 계획하고 있는 기업의 비율은 17.6%로 나타났다. 반면 수도권에 입지하고 있는 기업 중에서 수도권 바깥으로의 이전 및 확장계획을 갖고 있는 기업의 비중은 매우 제한적이었다. 다만, 서울을 제외한 주요 광역시 소재기업의 경우 주변 광역시·도로의 이전수요도 상당 부분 존재하는 것으로 관찰된다. 특히 대전 소재 기업들의 경우 주변 광역시인 세종특별자치시나 충청남도 지역으로의 이전을 계획하고 있는 기업들의 비중이 다수 관찰되었으며, 부산광역시의 경우 경상북도와 경기도로의 이전수요가 존재하는 것으로 추정되었다.

표 4-24 | **이전 및 확장 예정지역**

구분	서울	부산	대구	인천	광주	대전	울산	세종	경기	충남	충청	전북	전남	경북	경남	응답수
서울	76.9	0	0	7.7	0	0	0	0	15.4	0	0	0	0	0	0	13
부산	0	66.7	0	0	0	0	0	0	16.7	0	0	0	0	16.7	0	6
대구	0	0	33.3	0	0	0	0	0	0	0	0	0	0	66.7	0	3
인천	0	0	0	100	0	0	0	0	0	0	0	0	0	0	0	3
광주	0	0	0	0	100	0	0	0	0	0	0	0	0	0	0	1
대전	0	11.1	11.1	0	0	44.4	0	22.2	0	11.1	0	0	0	0	0	9
울산	0	0	0	0	0	0	100	0	0	0	0	0	0	0	0	2
경기	17.6	0	0	0	0	0	0	5.9	76.5	0	0	0	0	0	0	17
전북	0	0	0	0	0	0	0	0	0	0	0	100	0	0	0	1
전남	0	0	0	0	0	0	0	0	0	0	0	0	100	0	0	1
경북	0	0	25	0	0	0	0	0	25	0	0	0	0	50	0	4
경남	0	0	0	0	0	0	0	0	0	0	33.3	0	0	0	66.7	3

자료 : 설문조사 결과 저자 작성

이어서 이전 및 확장계획 여부와 관계 없이, 이전 혹은 확장을 실시한다고 가정할 때 어떤 방식으로 용지를 확보하길 선호하는지 조사하였다. 조사결과, 용지매입 방식은 임대보다는 매입의 형태를 선호하는 것으로 조사되었다. 그러나 그 차이가 크지는 않았으며, 3D프린팅이나 AR·VR, 인공지능·빅데이터 등의 신산업 부문에서는 오히려 매입보다 임대형태의 용지확보가 선호되고 있다.

표 4-25 | **이전 및 확장 시 용지확보계획**

구분	매입	임대	기타
전체	50.2	45.9	3.9
3D프린팅	23.5	76.5	0.0
AR/VR	20.0	80.0	0.0
로봇/드론	61.1	33.6	5.3
인공지능/빅데이터	16.7	79.2	4.1
사물인터넷	56.0	44.0	0.0

자료 : 설문조사 결과 저자 작성

이전 및 확장시 건물형태에 대해서는 특별한 선호유형이 나타나지 않았다. 다만, 용지 확보 시 임대를 선호하는 업종의 경우 4층 이상의 복합건물을 선호하고, 매입을 선호하는 업종은 3층 이내 단층건물을 선호하는 것으로 나타났다. 특히 로봇/드론 업체의 경우 산업용 또는 가정용 로봇 부품 및 완제품 생산기업이 다수 포함되어 있어 기존 제조업과 유사한 단층 건물을 선호하는 것으로 판단된다.

표 4-26 | 이전 및 확장 시 건물형태

구분	단층건물(3층 이내)	복합건물(4층 이상)	기타
전체	46.4	46.9	6.7
3D프린팅	23.5	70.6	5.9
AR/VR	0.0	80.0	20.0
로봇/드론	56.5	35.9	7.6
인공지능/빅데이터	20.8	75.0	4.2
사물인터넷	52.0	48.0	0.0

자료 : 설문조사 결과 저자 작성

이전 및 확장 시 입지유형은 계획입지에 대한 선호도가 두드러졌다. 그러나 AR/VR 관련업체의 경우 개별입지에 대한 선호가 절대적으로 높게 나타났다. 이는 기존 업체의 입지유형이 산업단지 내 테크노파크(임대, 4층 이상)에 입지하고 있는 것을 반영하는 결과라 판단된다.

표 4-27 | 이전 및 확장 시 입지유형

구분	계획입지(산업단지 내)	개별입지(산업단지 바깥)	기타
전체	58.9	39.2	1.9
3D프린팅	52.9	47.1	0.0
AR/VR	0.0	100.0	0.0
로봇/드론	66.4	30.5	3.1
인공지능/빅데이터	45.8	54.2	0.0
사물인터넷	60.0	40.0	0.0

자료 : 설문조사 결과 저자 작성

(7) 경쟁력 강화를 위해 필요한 지원

마지막으로 기업들의 경쟁력 강화를 위한 필요한 정책지원에 대해 질문했을 때, 세금 및 부담금 감면이 가장 필요한 분야로 응답되었다. 다음으로는 기술 및 연구개발 지원, 경영 및 기술개발 자금조달 순으로 지원수단에 대한 선호도가 조사되었다. 전체적으로 자금지원에 대한 수요가 높게 나타났으며, 특히 기업의 성장을 유도하기 위해 기술 및 연구개발 지원과 경영 및 기술개발 지금조달 지원 등 자금지원 방안 마련이 필요한 것으로 판단된다.

표 4-28 | 경쟁력 강화를 위해 필요한 지원 분야

구분	세금 및 부담금 감면	기술 및 연구개발 지원	유통 판매망 지원	종업원의 교육훈련시설 지원	ICT 등 신기술 기반시설 지원	각종 기업지원 서비스	기술개발 지원 및 정보제공	해외시장 개척	경영 및 기술개발 자금조달 지원	교통 및 기반시설 등 인프라 확충	부지 및 건물 매입/임대 지원	기타
207건 (100.0)	44.0	21.7	6.3	0.5	2.9	1.9	1.4	3.4	12.6	0.5	3.4	1.4

자료 : 설문조사 결과 저자 작성

4) 설문조사 결과 시사점

본 소절의 설문조사 결과에서 드러난 주요 시사점을 정리하면 다음과 같다. 첫째, 설문조사 결과 대다수 사업체는 현재 소재지에서 창업해 사업활동을 유지하고 있었으며, 이전을 감행한 경우라도 광역시·도의 경계를 벗어나 사업지를 옮긴 사례는 많지 않았다. 즉, 신산업 사업체의 이동성(mobility)은 상당히 제한적이며, 창업 활동 역시 서울과 경기도의 일부 지역에 매우 집중된 경향을 보인다. 더불어 본 연구의 조사에서 절반 이상의 사업체는 자사를 이미 성숙한 단계의 사업체로 인식하고 있는 것으로 파악되었다. 이상의 결과는 신산업 사업체들이 대도시에서 창업해 양산화 모형을 완성한 뒤에는

교외지역으로 이전하리라는 일반적인 제품생명주기 이론의 예측과 상반되는 것이다. 즉, 본 연구에서 조사된 신산업 분야 사업체들은 서울이나 경기도 등의 대도시 지역에서 창업해 성숙단계를 지나간 이후에도 여전히 대도시에 입지를 유지하고 있는 것으로 나타났다. 이처럼 창업부터 성숙 단계까지 대도시 입지가 지배적이라는 것은 기술변화 속도가 빠르고 제품의 성숙단계 이후에도 지속적인 혁신이 요구되는 신산업 분야의 특징이 반영된 입지 패턴이라 해석할 수 있다. 이 같은 결과는 신산업 분야 기업들을 위한 지원을 수립함에 있어 대도시 입지수요를 반영한 입지정책 수립이 필요함을 시사한다.

둘째, 신산업 사업체들은 주로 거래하는 금융기관이나 사업지원서비스 기관과 대부분 근접한 거리에 입지하고 있으나, 전후방 연관기업과의 지리적 근접성은 높지 않았다. 이를 해석하면, 신산업 기업 간의 지리적인 클러스터가 충분히 형성되지 못했다는 결과로 이해할 수 있다. 강남이나 판교 등 신산업 사업체가 공간적으로 군집해있는 지역에서도 조사기업의 대다수는 주요 거래기업이 타 시군이나 광역시·도에 위치한다는 응답 결과를 제시하고 있다. 따라서 본 연구에서 식별한 신산업 군집들이 성숙한 형태의 산업클러스터로 발전해 파급효과를 창출하기 위해서는 역내 기업 간 네트워크를 촉진할 플랫폼 공간의 마련 및 중개기구의 역할 강화가 필요할 것으로 판단된다.

셋째, 신산업 사업체들이 경험하고 있는 주요 제약조건은 고숙련 인력 및 투자자에 대한 접근성에서 발생하는 것으로 조사되었다. 아이디어에 자본을 결합해 시장의 틈새를 공략해야 하는 신산업의 특징을 고려할 때, 고급 인력과 자본에 대한 접근성이 무엇보다 중요한 요인으로 작용하리라는 점은 예측 가능한 결과라 할 수 있다. 역으로 생각하면 강남구 테헤란밸리 등지에 조성된 창업공간에 창업기업의 절대 비중이 집중되고 있는 점 역시 고숙련 인력과 벤처투자자에 대한 접근성을 확보하기 위한 노력이라 이해할 수 있다. 따라서 향후 신산업 사업체를 위한 지원전략을 수립할 때에는 고숙련 인력 및 투자자본에 대한 접근성을 충분히 고려해 입지 전략을 설계할 필요가 있다.

CHAPTER 5

4차 산업혁명시대에 대응한 新산업입지 공급방향

CHAPTER 5

4차 산업혁명시대에 대응한 新산업입지 공급방향

본 장에서는 신산업 입지분석, 설문조사 결과, 해외의 신산업 육성정책과 신산업입지정책, 그리고 기업의 투자동향 등을 바탕으로 향후 정책과제와 제도개선방향을 제시하였다.

1. 기본방향

4차 산업혁명시대에 대응한 신산업 사업체의 입지 특성, 설문조사 결과, 외국의 신산업 사업체의 입지 특성 등을 감안한 신산업입지 공급을 위한 방향을 제시하였다.

1) 신산업 육성을 위한 입지 공급

산업구조의 변화, 신산업의 생산 및 종업원들의 생활 특성 등을 감안할 경우 미래의 산업입지는 도심화, 소규모화, 복합화, 유연화, 공유화, 입체화 등을 충족시키는 입지 전략이 필요할 것이다.

첫째, 도심지역에서의 산업입지 공급을 확대해야 한다. 4차 산업혁명시대에는 인재가 일자리를 만들고, 신산업의 입지특성 상 도심을 선호하고, 생산시설의 환경문제가 해결되면서 도심지에서의 산업입지(공간) 수요가 증가할 것으로 예상됨으로 이를 반영하여 도심지역에서의 산업용지(공간)를 공급할 필요가 있다.

둘째, 복합화의 산업입지 공급방안이 마련되어야 한다. 산업간 연계가 제조업과 서비스업의 융합, 생산과 소비의 통합, 생산과 생활의 복합 등이 나타나면서 산업용지

(공간)의 복합화가 진전될 것이다.

셋째, 소규모의 산업입지(공간)의 공급이 필요하다. 소규모화는 1인 기업 활성화, 긱 이코노미, 플랫폼 일자리, 프로젝트 일자리 등 노동방식의 변화, 산업공간의 공유화, 아이디어와 생산의 분리 등으로 인해 산업용지(공간)의 소규모화가 일반적인 현상으로 정착할 것으로 예상된다.

넷째, 임대·공유형 산업입지 공급을 확대해야 한다. 임대·공유화는 노동방식의 변화와 팹랩(Fab Lab : 제품 아이디어를 가진 다양한 사람이 시제품을 만들 수 있도록 제작 설비를 구비한 장소)과 같은 형태의 제조공간의 공급, 하이퍼 워킹이 일반화되면서 시간과 장소의 제약 없이 일할 수 있는 일하는 방식과 업무환경 여건의 변화로 작업 시간과 공간의 유연성이 증대되면서 산업입지(공간)의 공유화 필요성은 더욱 커질 것으로 예상된다. 또한 신산업 조사에서도 61% 정도가 임대이며, 특히 강남지역 입지 기업의 92%, 판교지역 입지기업의 65%의 기업들이 임대로 입주하고 있어 이를 감안한 입지 공급방안이 마련되어야한다.

다섯째, 기업들의 입지수요를 반영한 소규모 산업단지 및 입체적 입지공급이 확대되어야 한다. 신산업들은 도심에 입지하려는 경향이 강하므로 도심의 지가 등을 반영하여 소규모의 입체적인 입지 공급을 확대하여야 한다. 3D프린팅, 인공지능·빅데이터, AR·VR 등의 산업은 1천㎡ 이하의 소규모로 입지하며, 지식산업센터 형태의 입체적인 입지 공간을 선호하는 것으로 나타났다.

여섯째, 입체화된 산업입지(공간)의 공급이 필요하다. 도심의 고지가, 산업구조의 변화, 생산보다는 아이디어가 중요한 생산구조로의 변화 등으로 인해 산업입지(공간)의 입체화가 더욱 커질 것으로 예상된다.

2) 기존 산업 활성화를 위한 입지 공급

신산업을 위한 입지 공급과 함께 기존 제조업 등을 위한 산업용지(공간)의 공급이 필요하다. 이를 위해 첫째, 교외지역에 대량생산을 위한 산업용지를 지속적으로 공급할 필요가 있다. 특히 글로벌 대기업(GE, 아디다스 등)들은 디지털화를 바탕으로 한 대량생산체제 구축을 위해 교외지역에 산업용지를 확보하고 있어 이러한 입지 수요에 대응하여 교외지역에서의 지속적인 산업용지 공급 방안이 마련되어야 한다.

둘째, 4차 산업혁명시대의 신산업의 성장단계(도입단계/확산단계/성숙단계)를 고려한 산업입지 공급방안이 마련되어야 한다. 신산업의 창업단계에서는 소규모 부지나 공간이 필요하겠지만 Scale up 단계에 들어서면 대규모 부지를 필요로 하게 됨으로 이에 대응한 부지 공급 방안이 마련되어야 한다.

셋째, 기존 산업의 생산성 향상 등 활성화를 위한 스마트 팩토리 구축과 기존 산업단지 및 공장의 생산환경 개선을 위한 리모델링 사업을 추진할 필요가 있다. 기존 산업들이 지속적으로 성장하기 위해서는 스마트 팩토리 도입 등 생산방식의 대전환이 필요하며, 청년근로자들을 유치하기 위해서 산업단지와 공장의 환경개선이 필요하다.

3) 다양한 지원정책 연계

산업입지 공급과 함께 기업들의 경쟁력 강화를 위해서는 다양한 지원정책 마련이 필요하다. 현재 단지 개발 중심의 지원정책에서 기업지원 정책으로 확대하고, 세금·부담금 감면과 함께 자금지원, 숙련근로자 확보, 생활환경 확보 등을 지원하는 방식으로 전환하고 창업 활성화를 위한 프로그램(멘토링, 창업교육, 컨퍼런스), 공간(공유공간, 창업가 네트워크), 자금(창업비용, 상업화 비용) 등을 통합적으로 지원하는 시스템의 구축이 필요하다. 그리고 창업 활성화를 위해 공유형 공간, Plug in시스템 구축, 광대역 와이파이 공급 등 기반시설을 공급할 필요가 있다.

2. 新산업 육성을 위한 산업입지 공급방안

1) 사이버 산업공간 공급

산업구조(부지 필요업는 업종 활성화), 일자리 형태(긱 이코노미, 프로젝트 일자리,

플랫폼 일자리), 생산-소비 일체형(3D 프린팅을 활용한 생산, 생산공정 자체 필요 없음), 1인기업 활성화 등에 따라 기존 부지형태의 물리적 공간 공급 보다는 사이버 산업공간을 공급하는 방안을 강구해야 한다. 누구나, 언제나, 어디서나 작업한 자료나 아이디어를 저장하였다가 어느때라도 다시 꺼내 작업할 수 있는 사이버 공간을 공급할 필요가 있다. 이러한 사이버 공간은 국가의 정보공개와 함께 연계하여 추진할 필요가 있다.

2) 청년 창업 활성화를 위해 도심지역에 공유형 산업공간 공급

공유형 공간은 개인이 각자 다른 일을 하면서 작업 및 생활공간을 공동으로 사용하면서 아이디어와 정보를 공유하고, 저렴한 임대료로 24시간 누구나 이용 가능할 수 있는 공간

- 공용 업무 공간, 부엌, 개별 사무실, 다양한 규모의 회의실, 공유 도구실, 휴게실, 샤워장 등을 갖춤

젊은이들이 많이 모이는 도심지역에 테크기반의 창업을 위해 공유형 작업공간(런던 및 서울의 Google Campus, 프랑스 Station F 등)을 임대형/분양형, 평면형/입체형 등 다양한 형태의 산업공간으로 공급하며, 공유형 공간에는 일터(창업) 쉼터(휴식, 식사), 놀터(문화, 레져), 잠터(주거) 등이 가능한 복합형태의 공간을 공급한다. 이를 위한 사례로 프랑스 파리의 Station F에서는 셰어존(공유공간), 크리에이트 존(창업공간), 칠존(휴식 및 식당), 주거 등위 공간을 제공하고 있다.

그리고 도심에 공급하는 공유형 공간은 청년 창업기업들을 위해 임대공간으로 공급한다. 기존 산업단지 및 공업지역 내 휴폐업 용지 및 유휴 부지를 공공이 매입하여 공유형 공간을 조성하여 임대로 공급하며, 특히 도심 내 휴폐업 공공 공간(동사무소, 학교, 철도부지 등), 대규모 공장 이전적지 등을 활용할 수 있을 것이다.

또한 일터와 삶터가 인접한 곳에서 이루어질 수 있는 직주근접형의 산업공간 공급을 위해 아파트 단지 내 공공시설(관리사무소, 노인정)이나 동사무소 등을 스마트 워크 센터 등으로 개선하여 공유형 공간으로 제공한다.

한편 도심의 고지가와 창업하는 산업의 특성을 반영하여 버티컬 산업공간을 공급한다.

버티컬 산업공간은 건축밀도의 수직화를 통해 부지의 부가가치를 올려주고 급격히 증가하는 입주 수요를 효과적으로 수용하는 동시에 일자리를 창출하는 복합적인 효과 발생이 가능[12)]하다. 지하와 1~2층 공간에 공장과 소매점, 그 위층에 상가, 오피스, 연구실 그리고 최상층에 주거공간을 배치할 수 있을 것이다.

이를 활성화하기 위해 건물의 일부 층만을 산업공간으로 할 수 있도록 하는 제도 개선안이 마련되어야 하며, 이와함께 산업단지 최소면적 기준을 부지면적과 함께 연면적으로 하는 방안을 검토할 필요가 있다.

3) 대학, 연구소의 연구결과를 사업화하여 창업할 수 있는 산업공간 공급

대학, 연구소의 연구결과를 사업화할 수 있도록 대학·연구소 주변지역에 창업공간을 제공하기 위한 소규모 부지에 입체적인 산업공간 공급. 대학 및 연구소 기업들이 창업하는 소규모 기업은 급변하는 시장환경에 신속히 대응할 수 있는 융통성이 있어야 하며, 이들은 하이테크 작업장과 유연하게 공유할 수 있는 공간을 성장의 조건으로 생각함[13)].

대학의 시설(식당, 도서관 등)을 활용하면서 작업공간과 휴게공간을 갖춘 공유형 공간을 대학 내 기존 시설을 활용하거나 신규로 공간을 공급한다. 뉴욕 코넬대 캠퍼스(Applied Science Campus NY), 영국의 University Enterprise Zone, MIT의 The Engine, 핀란드 울루대학의 스타트업 사우나, 부경대의 드레곤 벨리 등의 성공사례를 바탕으로 대학의 청년인력들에게 창업공간을 제공하기 위한 대학 내 유휴부지나 건물, 그리고 대학 주변지역에 미활용 건축물을 활용하여 창업을 위한 산업공간을 제공한다.

또한 연구소의 연구결과를 사업화할 수 있도록 지원하기 위하여 연구소 주변지역에 기술창업을 위한 산업공간을 공급한다. 특히 양재동(삼성, LG연구단지), 홍릉(2㎞ 이내에 5,000여명의 박사연구인력, 1조 5,000억원의 R&D자금) 등 연구집적지 등을 대상으로 주변지역에 생산을 위한 입지를 공급할 필요가 있다.

12) 장철순외. 도시산업공간 인벤토리 분석을 통한 산업입지 정책방안 연구. 2016. 국토연구원. 재인용. p118
13) 장철순외. 도시산업공간 인벤토리 분석을 통한 산업입지 정책방안 연구. 2016. 국토연구원. 재인용. p121

또한 대학 및 연구소의 창업 활성화를 위해 신기술창업집적지역으로 지정하여 기업과 대학 및 연구소가 연계 협력할 수 있는 기반을 마련한다. 신기술창업집적지역은 창업 초기 기업이 대학·연구기관의 인프라를 이용하면서 생산 공장을 임대·입주하여 사업을 하는 공간으로 임대기간은 최대 20년까지 가능하고, 연구장비 공동이용 지원사업을 통해 대학·연구기관에서 보유한 설비의 이용도 가능하다.

4) 도심 내 기존 산업용지가 지속적인 창업공간으로 활용될 수 있도록 보존대책 마련

신산업의 도심 입지 선호도를 반영하여 기존 공업지역이나 대규모 공장용지를 타용도로 전환하는 것을 억제하여 신산업업을 위한 입지로 공급하고, 신산업들이 집적한 지구를 산업구역으로 지정하여 신산업을 위한 생산활동 지원

도심 내 기존 산업용지를 타용도로 전환하는 것을 억제하여 도심지역에서의 산업 기반 유지를 통하여 새로운 일자리 창출로 인구 유입 및 커뮤니티 활성화를 유도할 필요가 있다. 이러한 성공사례로 뉴욕(산업고용지구(Industrial Employment District), 창조경제지구(Creative Economy Districts), 주거, 상업, 첨단산업의 복합토지이용지구 사례 등) 등이 있다.

한편 도심 내 산업이 집적한 지구를 산업단지로 지정하여 기업의 생산활동을 지원(샌프란시스코의 소마(South of Market) 사례 등)할 필요가 있다.

5) 창업을 활성화하기 위해 세제, 자금, 공간, 프로그램 등 다양한 정책을 통합적으로 지원

신산업의 창업 활성화를 위해서는 창업 단계별로 지원을 전략적으로 접근할 필요가 있다. 영국 옥스퍼드대학교에서는 창업 프로그램(멘토링, 창업교육, 콘퍼런스), 공간 마련(공유오피스, 창업가 네트워크), 자금지원(초기 창업비용, 상업화 비용) 등을 연계하여 지원하고 있다.

또한 핀란드 울루대학교의 스타트업 사우나에서는 창업단계에서 5단계로 나누어 창업가를 지원하고 있다. 첫 번째 단계는 알토 소사이어티 프리쉽으로 창업자가 진정 아이디어와 열정이 있는지 확인하는 단계이다. 두 번째 단계는 정션(junction)으로 48시간 동안 해커톤(해킹 + 마라톤. 팀을 꾸려 주어진 문제를 해결) 행사를 통해 능력을 검증하는 단계이다. 세 번째 단계는 스타트업 라이퍼스(startup lifers)단계로 정션을 통해 능력을 인정받은 사람에게 해외에서 1~2년 동안 인턴근무로 경험을 쌓을 수 있도록 도와주는 것이다. 네 번째 단계는 팀업(Team Up)으로 유사한 아이디어를 갖고 있는 사람들끼리 팀을 짜서 비즈니스 모델을 구체화할 수 있도록 도와주는 것이다. 다섯 번째 단계는 엑셀러레이터로 구성된 팀이 실제 스타트업으로 거듭날 수 있도록 7주간 집중 육성 프로그램 제공한다.

또한 창업기업을 위해 세금혜택, 창업절차 및 폐업 절차 간소화, 그리고 다양한 국가 지원기관, 엑셀러레이터, 공유공간 제공, 단계별 프로그램 제공 등이 필요하다. 영국 시티테크에서는 창업자에게 1,000만 파운드의 이익이 발생할 때까지 10% 법인세(일반 법인세 20%) 부과, 창업 절차 온라인 서비스, 폐업 규정 간소화, 그리고 정부 기구인 Tech City UK(TCUK)가 주도하여 창업기업에 Digital Business Academy(디지털 창업 온라인 강의) 등 지원프로그램과 WeWork 등 코워킹 공간과 아이디어 공유 및 협력 네트워킹을 위한 다양한 프로그램이 제공된다. 그리고 미국 뉴욕은 7개 NYC Business Solution Center를 통해 창업- 확장- 번창(from startup to scale-up)까지 원스톱 서비스를 기업에 제공하고 있다. 그리고 가계형 창업의 경우 NYC New Business Acceleration Team(NBAT)에서 전문적이고 체계적인 지원을 하고 있으며, 기업형 창업의 경우 학교 산업단지에 입주하게 되면 영업세, 조직세, 교통세, 부동산세, 근로자 소득세 등을 면제해주고 있다. 프랑스의 라 프렌치 테크 사업에서는 스타트업 창업자 지원 프로그램, 대출지원, 세금 감면 등을 해주고 있다.

프랑스 파리의 Station F에서는 20개 이상의 스타트업 프로그램과 파운더스 프로그램(국제적으로 공모하는 프로그램으로 저렴한 가격에 입주 가능), 파이터스 프로그램(열악한 환경의 창업자들을 위한 지원 프로그램) 등을 운영 중이다.

3. 기존산업 활성화를 위한 산업입지 공급방안

1) 도심외곽에 대규모 부지 공급

기존 제조업에서 스마트 팩토리 확산 등으로 노동력에 대한 의존이 감소하면서 대규모 부지의 수요가 도시 외곽지역에서 나타날 것으로 예상되며, 지능형 시스템을 공장에 적용하여 제조업을 강화하는 프로그램으로 연구개발 및 부품의 생산에서 최종 제품의 조립까지를 자연스럽게 이을 수 있는 생태계를 구축하면서 산업입지의 규모화가 나타날 것으로 예측된다.

이처럼 지멘스의 암베르크 공장, 아디다스의 스피드 팩토리 사례에서처럼 기업들이 교외지역에 대규모 부지에 IoT 등 디지털 기술을 활용한 대량생산시스템을 구축하기 위해 저렴한 용지를 공급할 필요가 있다.

2) 기업의 성장단계별 맞춤형 입지공급

신산업의 창업 이후 확장 및 성숙단계에 이른 기업을 위한 도심 및 도심 주변지역에 산업입지를 공급하고, 임대 후 저렴한 용지 분양을 통한 공급이 필요하다.

3) 기존 제조업의 스마트 팩토리 지원

기존 산업들의 생산성 향상을 위해 스마트 팩토리 구축 사업을 지원하는 정책적 지원방안이 마련되어야 한다. 특히 중소기업과 함께 대기업의 2, 3차 밴드에 해당하는 소기업들의 스마트 팩토리 구축을 적극적으로 지원할 필요가 있다. 현재 정부의 스마트 공장 지원사업으로 산업부의 ICT 융합스마트공장 보급 확산사업, 공장스마트화사업, 지역산업 스마트공장 보급, 중기부의 생산현장 디지털화사업, 스마트공장 추진단의 스마트공장 보급사업 등이 있으므로 이를 적극 활용할 필요가 있다.

4) 산업단지의 관광자원화

산업단지 활성화를 위해 산업단지 내에 호텔을 건설하여 공장과 연계한 관광자원을 개발하여 낮에는 공장을 가동시키고 가동이 멈춘 밤에는 호텔을 운영하여 소비자들에게 만족감을 주고, 두가지 프로그램의 운영은 물과 난방, 전기 등 효율적인 자원관리도 가능하다. 미국 미시시피주 그린우드(Greenwood) 에서는 공장형 호텔이 뉴욕에 60여개, 롱아일랜드시에서만 31개가 건설되었거나 건설중에 있다.[14)]

5) 노후 산업단지 리모델링 및 환경 등급제 도입

전통제조업으로 집적된 산업단지 및 공장에서의 청년층 일자리 공급을 위해 도로, 녹지, 주거, 문화, 지원시설 등을 공급하는 리모델링 사업을 추진하고 산업단지의 생산 및 생활환경을 향상시키기 위한 산업단지 등급제를 도입할 필요가 있다.

4. 新산업입지를 위한 제도개선 방안

본 연구에서 제시한 산업입지 개발 및 공급방안의 제도화를 위하여 필요한 개선사항을 제시하였다.

우선 산업의 융복화와 신산업의 생산특성을 감안할 경우 산업단지 내 산업시설구역에 대한 새로운 개념 설정이 필요하다. 산업단지 내 산업시설구역에 입주 가능한 업종과 기능을 확대하여 모든 기능과 업종이 입주하도록 개선하거나 도심 산업공간 공급을 위한 산업단지 내 산업시설구역, 물류시설구역, 연구시설구역 등을 산업시설구역으로 통폐합하여 산업기능, 업무기능, 주거기능, 연구기능, 물류기능 등이 복합화 할 수 있도록 제도를 개선토록 한다. 용도구역 통폐합은 우선 도시첨단산업단지와 광역시에 공급되는 모든 산업단지에 적용한 후 점차 확대하는 방안을 강구한다.

14) 장철순외. 도시산업공간 인벤토리 분석을 통한 산업입지 정책방안 연구. 2016. 국토연구원. 재인용. p120

또한 도심지역의 노후산업단지 리모델링 시 산업공간의 공급을 위해 최소용적률 적용 방안을 마련하고, 이를 복합용지 및 특정 블록에 적용한 후 확산하는 방안을 강구한다.

그리고 버티컬 공장 등 입체형의 산업공간이 증가할 것에 대응하여 일정 거리안의 분산된 몇 개 빌딩을 하나의 산업단지로 지정할 수 있도록 하는 연계형 산업단지 개발제도 도입을 검토한다. 연계형 산업단지 공급을 위해서는 빌딩 간 기능 연계가 이루어져야 하며, 지정 및 개발계획은 하나로 수립하되 개발은 순차적으로 하는 방안을 강구한다. 버티컬 산업공간 공급을 활성화하기 위해서는 산업단지 최소 기준을 부지면적 기준과 함께 연면적 기준으로 확대하는 방안을 강구 한다.

또한 버티칼 공장제도 도입 등에 따라 분양가격 산정 방식을 현재 조성원가 방식에서 감정가 또는 입찰가로 분양가격 산정방식을 개편한다. 이러한 분양가격 산정방식 개편은 수도권, 부산 등 산업용지 수요가 많은 대도시의 경우 산업시설용지 공급방식으로 절충방식이나 경쟁입찰방식을 도입한다. 이러한 분양방식은 시장원칙에 의하여 경쟁력 있는 기업이 원하는 산업공간을 확보할 수 있는 방안으로 이 방식은 사업시행자의 수익 증대 뿐만 아니라 소비자의 입장에서도 경쟁력있는 기업에게 유리한 입지공간을 제공하여 국가 전체적으로 경제성을 향상시킬 수 있다. 또한 수요가 많은 곳에서의 경쟁입찰방식이 타 지역과의 가격격차를 크게 만들게 되므로 지방에서 공급하는 원가공급방식의 이점이 크게 부각되어 지방으로의 산업수요를 유인하는 수단일 될 수 있다. 분양가격 산정 방식 개편은 광역시에 조성되는 산업단지와 도시첨단산업단지에서 우선 적용하는 방안을 검토한다.

마지막으로 4차 산업혁명시대에는 산업단지에 공급되는 기반시설의 개념을 확대할 필요가 있다. 기존의 도로, 철도, 용수, 전력과 함께 Wi-Fi, 건물(기업 지원시설이나 산업공간) 등도 국가가 지원하는 기반시설의 대상으로 해야 한다.

참고문헌
REFERENCE

【 인용문헌 】

강호제·이미영·민성희·장은교·박경현. 2016. 사회·경제 여건변화에 대응한 미래 지향적 산업입지 전략 연구. 국토연구원.

강호제·류승한·서연미·이윤성. 2013. 저성장시대의 일자리창출을 위한 신산업입지 전략. 국토연구원.

관계부처 합동. 2016. 「제4차 산업혁명에 대응한 지능정보사회 중장기 종합대책」.

국토교통부. 2016. 산업구조 및 입지수요에 기반한 산업입지 공급체계 마련 연구. 주식회사 노무라종합연구소.

국토교통부. 2017년 국토교통부 업무계획 발표자료. 2017. 1

김승현·김만진. 2016. 차세대 생산혁명을 대비한 제조업 혁신정책과 도전과제, 과학기술정책연구원 정책연구. 2016-20.

김영수. 2017. 4차 산업혁명과 지역산업 육성 방향.

김진영. 2012. 제조업의 서비스화 진전에 따른 입지정책 방향:산업단지내 지식서비스업을 중심으로. 한국산업단지공단.

김한준, 2016, 4차 산업혁명이 직업세계에 미치는 영향, 고용이슈 2016년 9월호

김홍배. 2017. 제4차 산업혁명과 국토공간구조. 월간국토 2017년2월호. p6.

남기범. 2016. 선택과 집중의 종언 : 포스트 클러스터 지역산업정책의 논거와 방향. 한국경제지리학회 심포지움(2016. 9. 29).

뉴스위크 한국판. 2010. 9. 1. "LA Residential - 일과 생활의 경계가 사라진다.

박종배. 2012. 산업환경 변화에 따른 입지수요 패턴의 변화와 시사점, 산업입지, 한국산업단지공단. 2012년 Winter Vol 48.

산업연구원. 2017. 제4차 산업혁명과 한국의 미래 전략, 산업연구원 경쟁력본부 세미나.

산업연구원, 2017, 4차 산업혁명이 한국 제조업에 미치는 영향과 시사점.

산업통상자원부. 2017. 2017년 산업통상자원부 업무계획 발표자료(2017. 1).

산업통상자원부·대한상의. 2016. 신산업 창출 정책과제.

서동혁 외. 2016. 「한국형 신성장산업의 유형화와 산업화 전략」. 산업연구원 연구보고서 2016-795.

서연미·류승한·장철순·강호제·박정호. 2012. 지역경제 활성화를 위한 도시형 산업입지 공급방안 연구. 국토연구원.

소아영. 2017. 4차산업혁명과 국내외 스마트 공장 산업동향. 융합연구정책세터.

이장균. 2016. 디지털 적자 생존시대(Digital Darwinism), 서비스 중심 제조 모델' 필요. 현대경제연구원. 2016. 4. 18

장석인. 2017. 제4차 산업혁명시대의 산업구조 변화방향과 정책과제. 월간국토. 2017년 2월호. p23.

장철순·박정일·임영태·구형수. 2016. 도시산업공간 인벤토리 분석을 통한 산업입지 정책방안 연구. 국토연구원.

장필성, 2016 다포스포럼:다가오는 4차 산업혁명에 대한 우리의 전략은. 해외혁신동향. Science & Technology Policy. 2016).

전기신문. 2017. 제조업 강국의 움직임, 2017. 5. 19.

정은미 외. 2017. 「4차 산업혁명이 한국 제조업에 미치는 영향과 시사점」. 산업연구원 정책자료 2017-297.

조혜영. 2016. 지역산업 및 입지특성을 고려한 도시첨단산업단지 개발방향. 한국산업단공단.

주원·정민. 4차 산업혁명의 등장과 시사점, 현대경제연구원, 2016. 8. 12.

2017년 글로벌 10대 크렌드, 현대경제연구원, 2016. 12. 23.

정창무. 2016. 제4차 산업혁명과 미래도시. 국토연구원 발표자료(2016. 11. 15.)

제4차 산업혁명시대의 도시구조 변화전망과 정책과제, 월간국토, 2017. 2. p14.

최해옥 외. 2017.「일본의 제4차 산업혁명 대응 정책과 시사점」. 과학기술정책연구원.

최윤희 외. 2015. 미래 산업을 둘러싼 메가트랜드와 우리 산업에의 시사점, 산업연구원, 2015. 12.

클라우스 슈밥. 2016. 송경진 옮김, 클루우스 슈밥의 제4차 산업혁명, 새로운 현재.

한국산업기술평가관리원. 2016.「3D프린팅 산업현황 및 시장동향」.

Anselin, L. 1995. Local indicators of spatial association - LISA. Geographical Analysis 27, pp. 93-115.

Benioff, M., 2017, 4 Ways to close the inequality gap in the Fourth Industrial Revolution, World Economic Forum Annual Meeting 2017.

Chui, M., Manyika, J., & Miremadi, M. 2016. Where Machines Could Replace Humans—and Where They Can't (yet). McKinsey Quarterly (July 2016).

Dittrich P. J. 2016, Reskilling For the Fourth Industrial Revolution : Formulating a European Strategy, Jacques Delors Institut Policy Paper 175.

KDB Report, 2017.4. 독일·일본의 4차 산업혁명 대응정책과 시사점.

KOTRA. 4차 산업혁명시대, 첨단제품 개발 트랜드와 시사점. p 2. Global Market Report 17-014.

Mcgrath, R. 2013. Transient Advantage. Harvard Business Review. June 2013. pp. 21-32.

Nabil, Noha Ahmed & Gehan Elsayed Abd Eldayem, 2014, Influence of mixed land-use on realizing the social capital, HBRC journal 11. no. 2:285-98.

Sirkin, H. L., Zinser, M., & Rose, J. 2015. Industries and Economies Leading the Robotics Revolution. Boston Consulting Group Perspectives (September 2015).

Müller B. et al, 2014, Advanced Manufacturing : Industry 4.0 and Urban Development, Deutsche Gesellschaft für Internationale Zusammenarbeit (GIZ) GmbH.

UBS. Extreme automation and connectivity:The Global, regional, and investment implication of the Fourth Industrial Revolution. 2016.

World Bank, 2016, Digital Divide.

World Economic Forum, 2016, The Future of Jobs.

World Economic Forum, Manufacturing Our Future, May, 2016. 현대경제연구원.

Zook M. 2002, Grounded capital: Venture financing and the geography of the Internet industry, 1994~2000, *Journal of Economic Geography* vol. 2: 151-177.

http://blog.naver.com/pos1971/220786085763 , 2016. 8. 22.

http://blog.naver. com/sddg2015/220872454539, 2016. 11. 28, 4차 산업혁명과 디지털 시대의 일자리 창출.

SUMMARY

A Study on New Industrial Location Policy at the Fourth Industrial Revolution Era

Chang Cheol Soon, Moon Jeong Ho, Ryu Seung Han, Chang Eun Gyo, Lee Syung Uk, Jeong Wooseong, Cho Sungchul, You Hyun Ah

Key words: The Forth Industrial Revolution, Polarize Location Pattern, Newly Emerging Industry, Sharable Industrial Space, Small-sized Industrial Complex, Vertical Factory

The fourth industrial revolution, introduced in the 2016 World Economic Forum (Davos, Switzerland), has sparked intense debate about what it really means and how to respond. However, many scholars have come to an agreement that the fourth industrial revolution has already begun and will continue to have enormous impacts on various dimensions of human-social life. On one hand, some scholars argue that the fourth industrial revolution, characterized by hyper-connectivity and hyper-intelligence, may accelerate the urban shift of industrial activities by increasing the labor demand of skilled workers, facilitating the use of cyber-physical systems, and making mass-customization and personalization work. On the other hand, some predict that the fourth industrial revolution will polarize locational patterns of industrial activities, both concentrating emerging high-tech industries into urban centers and dispersing traditional industries- i.e., automobiles, electronics, shipbuilding, metal, chemistry-into peripheral regions.

This research examines various characteristics of newly emerging industries to understand the recent changes in locational patterns of industrial activities in the era of the fourth industrial revolution. The spatial scope of this study covers the whole country, but the unit of analysis is mainly located at the firm level. This research employs both quantitative and qualitative types of research methodologies, including country-level case studies, field research, as well as locational and network analysis. To do this, firm-level data were collected in collaboration with the Korea Enterprise Data (KED), a leading supplier of business credit reports on Korean businesses.

For the analytic purpose, we categorize newly emerging industries in the era of the fourth industrial revolution into five sectors, that is, internet of things, 3D printing, robotics and drone, VR(Virtual Reality) and AR(Augmented Reality), Artificial Intelligence and Big Data. Results of analyses show that the half of newly emerging industries is composed of robotics and drone firms. The location of emerging industries tends to be concentrated on the Seoul metropolitan area(approximately 68.8%). About 61.1% of the whole sample is found to lease office and production space. Outside the Seoul metropolitan area, spatial agglomerations of newly emerging industries are found only in the sector of robotics and drone. The largest volume of the fourth industrial revolution firms is mainly concentrated on Gangnam Teheran-ro, Gasan-Guro Digital Complex, Pangyo Techno Valley, and Daeduck Research Complex. The decision to locate firms in Pangyo Techno Valley tends to be correlated with the importance of “low land price”, while the decision to locate in Gangnam is not strongly associated with the importance of “low land price”.

This study further conducts a series of network analyses to examine the forward-backward linkage effects of newly emerging industries. As a result, firms in newly emerging industries are found to be strongly connected with suppliers in “system software development and provision” industry. Furthermore, trading partners of emerging industries are found to be largely concentrated in Gangnam area in Seoul (256 suppliers and customers). However, trade networks of robotics firms tend to be dispersed around the Gyeongsang province.

Results of firm survey show that travel accessibility and the pool of skilled labor are the important locational factors for newly emerging industries. It is also found that 78.7% of firms in emerging industries are found to establish their businesses from their current location without switching firm locations. The majority of firm survey respondents report that they have had difficulties solving labor market mismatch due to lack of high-skilled workers. Survey results also suggest that firms in emerging industries prefer direct tax benefits to other types of policy subsidies.

In conclusion, this study argues that in order to nurture newly emerging industries in the era of the fourth industrial revolution, the provision of industrial space in urban centers needs to be expanded. Specifically, the study suggests various types of policy strategies, ranging from the provision of rental or sharable industrial space to the development of small-sized industrial complexes and vertical factories. For the sake of traditional industries, this study suggests that locational strategies to nurture new firm formation should be developed according to the growth stages of industries. Further, this study also highlights the importance of smart factories to enhance the productivity of traditional industries.

부 록
APPENDIX

1. 4차 산업혁명 신산업 기업체 설문조사

- 4차 산업혁명 신산업 기업체 설문조사지 -

◐ 응답시 유의사항 ◑

1. 질문지는 반드시 번호 순서대로 응답해 주십시오.
2. 한 질문에 답하기 전에 다음 질문을 먼저 읽게 되시면 그로 인해 응답하시는 데 영향을 받을 우려가 있사오니 반드시 한 질문에 응답하신 후 그 다음 질문으로 넘어가 주십시오.
3. 질문 내용 중 특별한 안내문이 없는 한 모든 질문에 답해 주십시오.
   이 설문은 총 3쪽으로 구성되어 있습니다. (표지 및 별첨 자료 제외)
4. 의견을 직접 기입하는 문항에 대해서는 자세하게 의견을 적어주시길 부탁드립니다.
5. 혹, 작성도중 문의사항이 있으시면 상기 조사기관으로 연락주십시오.

*** 아래 응답자 정보는 오류 답변을 확인하기 위한 용도로 반드시 입력을 부탁드립니다.**

작성자 성명		소속(부서)	/
작성자 전화번호		작성자 이메일	@
작성자 직위	① 대표이사 ② 임원 ③ 부장.차장.과장 ④ 대리.주임.사원 ⑧ 기타(:)		

1. 귀사는 다음의 설립유형 중 어디에 해당합니까? ( )

① 현재 지역에서 창업

② 다른 지역에서 창업 후 현재 지역으로 이전 (창업 지역 :)

③ 기타 ( )

2. 아래 기업성장 단계 중 귀사는 현재 어느 단계에 해당합니까? (　　)

① 창업 단계(창업 후 2년 이내)
② 창업 후 시제품개발 단계
③ 초기생산 및 마케팅 단계
④ 안정적 시장 확보 단계
⑤ 시장 확대 및 후속상품 개발단계
⑥ 기타(　　　)

3. 귀사는 회사 운영에 필요한 다음 활동을 주로 어디에서 수행하십니까?

(기업 내부와 외부에서 공동으로 수행하는 경우 양쪽에 모두 v로 표시해 주십시오)

※ 예컨대, 연구개발은 서울시 강남구에 소재한 본사 건물에서 수행되고 생산은 경기도 수원시에 소재한 귀사 지사 공장에서 수행되는 경우, 연구개발은 "기업 내부 / 본사 건물 내" 항목에, 생산은 "기업 내부 / 지사 건물 / 동일 광역시·도" 항목에 표시해 주십시오.

기능		기업 내부					타 기업 및 외부 기관			
		본사 건물 내	지사 건물에서 수행				동일 시·군·구	동일 광역시·도	다른 광역시·도	해외
			동일 시·군·구	동일 광역시·도	다른 광역시·도	해외				
3-1	사업기획 활동									
3-2	연구개발 활동									
3-3	시제품 제작 활동									
3-4	생산 활동									
3-5	광고·마케팅 활동									
3-6	교육·훈련 활동									

4. 다음 각 유형별로 귀사에게 가장 중요한 기관이 귀사와 얼마나 가까이 위치하고 있습니까?

기관 유형		가장 중요한 기관과의 지리적 근접성				
		도보로 20분 이내	차로 20분 이내	동일 광역시·도	다른 광역시·도	해외
4-1	공급업체	①	②	③	④	⑤
4-2	구매업체	①	②	③	④	⑤
4-3	동종업종 경쟁업체	①	②	③	④	⑤
4-4	기술적으로 연관된 타 업종 사업체	①	②	③	④	⑤
4-5	대학 및 연구기관	①	②	③	④	⑤
4-6	벤처캐피탈 및 금융서비스 기관	①	②	③	④	⑤
4-7	법률·회계·컨설팅 등 서비스 기관	①	②	③	④	⑤

5. 귀사가 현재 지역에 입주한 이유는 무엇입니까? 각 입지 요인의 중요도를 평가해주세요.

입지 요인		각 입지 요인의 중요도				
		매우 낮음	낮음	보통	높음	매우 높음
5-1	판매시장 접근 용이	①	②	③	④	⑤
5-2	전문/고급인력 확보 용이	①	②	③	④	⑤
5-3	낮은 임대료	①	②	③	④	⑤
5-4	교통의 편리성, 물류비 절감	①	②	③	④	⑤
5-5	동종업종의 집적	①	②	③	④	⑤
5-6	주거, 교육 등 생활기반시설 편리	①	②	③	④	⑤
5-7	대학 및 연구기관과의 접근성	①	②	③	④	⑤
5-8	벤처캐피탈 및 금융기관과의 접근성	①	②	③	④	⑤
5-9	법률·회계·컨설팅 기관과의 접근성	①	②	③	④	⑤
5-10	지자체의 기업지원 서비스 양호	①	②	③	④	⑤
5-11	기타의견(귀사가 현재 지역에 입주한 가장 중요한 이유) :					

6. 다음 중에서 귀사의 사업 수행에 가장 중요한 애로 사항이 무엇인지 1순위와 2순위를 응답해 주세요.

애로사항	해당사항 체크	
	1순위	2순위
① 기술개발지원기관의 부족		
② 숙련된 인력 확보의 어려움		
③ 현장 생산인력확보의 어려움		
④ 판로 확보의 어려움		
⑤ 기업지원서비스 부족		
⑥ 자금조달의 어려움		
⑦ 노후화된 산업/기반시설		
⑧ 생산 및 연구개발 등 공간의 협소		
⑨ 높은 분양가, 용지 구득난		
⑩ 기타 의견		

7. 귀사는 향후 사업장 일부 또는 전체를 다른 지역으로 이전하거나 확장하는 것을 계획하고 있습니까?

7-1	이전·확장 계획 여부	있음	없음

※ 이전·확장 계획이 없다고 체크하셨더라도 향후 이전·확장이 필요하게 될 경우를 가정하여 예정지역, 사업장 용지, 건물형태, 입지유형에 체크해 주시기 바랍니다.

7-2	이전·확장 예정 지역	(시군구 단위까지 기입해주세요)

7-3	이전·확장 시 사업장 용지(공간) 확보계획	매입	임대	기타

7-4	이전·확장 시 사업장의 건물형태	단층건물(3층 이내)	복합건물(4층 이상)	기타

7-5	이전·확장 시 입지 유형	계획입지(산업단지 내 입지)	개별입지(산업단지 바깥 입지)	기타

8. 귀사의 경쟁력 강화를 위하여 어떤 지원이 필요하십니까? 중요한 순으로 두 가지만 선택해 주십시오.

지원사항	해당 사항	
	1순위	2순위
① 세금 및 부담금 감면		
② 기술 및 연구개발 지원		
③ 유통 판매망 지원		
④ 종업원의 교육훈련시설 지원		
⑤ ICT 등 신기술 기반시설 지원		
⑥ 각종 기업지원서비스		
⑦ 기술개발 지원 및 정보제공(예 : 산학연 연계의 활성화)		
⑧ 해외시장 개척		
⑨ 경영 및 기술개발 자금조달 지원		
⑩ 건축비(시설장비 구입비, 기반시설 설치비 포함) 지원		
⑪ 교통 및 기반시설 등 인프라 확충		
⑫ 편의시설 및 주변 환경의 쾌적성 제고		
⑬ 부지 및 건물 매입/임대 지원		
⑭ 기타 의견 :		

기본 17-02

4차 산업혁명시대의 新산업입지정책 연구

연 구 진 장철순, 문정호, 류승한, 장은교, 이승욱, 정우성, 조성철, 유현아, 이동헌, 이수진, 한상민
발 행 인 김동주
발 행 처 국토연구원
출판등록 제2017-9호
인 쇄 2017년 12월 28일
발 행 2017년 12월 31일
주 소 세종특별자치시 국책연구원로 5
전 화 044-960-0114
팩 스 044-211-4760
가 격 7,000원

ISBN 979-11-5898-271-3
한국연구재단 연구분야 분류코드 B171503
홈페이지 http://www.krihs.re.kr